经济管理学术文库·经济类

家庭财富、创业行为与个体效用

Household Wealth, Entrepreneurship Behavior and Individual Utility

冯大威／著

经济管理出版社
ECONOMY & MANAGEMENT PUBLISHING HOUSE

图书在版编目（CIP）数据

家庭财富、创业行为与个体效用/冯大威著．—北京：经济管理出版社，2020.1
ISBN 978－7－5096－7052－1

Ⅰ．①家…　Ⅱ．①冯…　Ⅲ．①创业—研究—中国　Ⅳ．①F249.214

中国版本图书馆 CIP 数据核字（2020）第 024269 号

组稿编辑：张巧梅
责任编辑：张巧梅
责任印制：黄章平
责任校对：董杉珊

出版发行：经济管理出版社
（北京市海淀区北蜂窝 8 号中雅大厦 A 座 11 层　100038）
网　　址：www.E－mp.com.cn
电　　话：（010）51915602
印　　刷：三河市延风印装有限公司
经　　销：新华书店
开　　本：720mm×1000mm/16
印　　张：12
字　　数：144 千字
版　　次：2020 年 4 月第 1 版　　2020 年 4 月第 1 次印刷
书　　号：ISBN 978－7－5096－7052－1
定　　价：78.00 元

序　言

创业活动在经济和社会发展中发挥着重要作用。近年来，随着中国经济进入转型升级的关键阶段，经济增速放缓、就业压力增大的问题不断凸显。如何优化创业环境、引导劳动力创业已经成为学术界和决策者高度关注的话题。国内外学者对居民创业问题的研究主要涉及创业行为影响因素和创业回报两方面。结合国内对财富与创业关系研究相对比较单薄以及我国家庭财富积累经历了高速增长的背景，本书从家庭财富的视角研究了我国城镇居民的创业问题，并进一步从货币回报和非货币回报两方面研究了创业行为对个体效用的影响。

围绕拟重点解决的两个研究问题，本书主要包括以下四个方面的内容：

①构建创业选择模型。建立一个个体层面的创业选择模型，将家庭财富与创业行为纳入同一个分析框架。对两者之间的关系进行理论分析，提出研究假说。②对财富与创业的关系进行实证检验，采用 CHIP 2008 数据进行基准估计，并考虑内生性问题及两者之间可能存在的非线性关系。在基准估计的基础上，进一步引入 CFPS 面板数据，并对两者之间的关系提供稳健性检验。③引入住房改革这个能对财富造成正向外生冲击的“准自然实验”，利用双重差分法及面板固定效应模型更好地识别财富与创业之间的因果关系。④估计创业行为对个

体效用的影响，利用 CHIP 2008 数据，从货币回报和非货币回报两方面进行基准估计。在基准估计结果的基础上，进一步利用 CHNS 面板数据为创业的货币回报提供稳健性检验，并基于 CLDS 面板数据为创业的非货币回报提供了稳健性检验。

本书主要结论：①基于创业选择模型的推论来看，财富与创业行为存在正相关关系。置于动态分析框架，考虑样本选择问题后发现，创业与财富之间可能存在倒 U 形关系。②从家庭财富对创业行为影响的估计结果来看，家庭财富越多，个体选择创业的概率越高。从两者之间的非线性关系发现，两者之间是存在倒 U 形关系的。③借助 20 世纪末我国公有部门住房改革这一能够对家庭财富造成外生冲击的“准自然实验”，采用双重差分法及面板固定效应模型估计发现住房改革通过财富效应和信贷效应显著提高了受影响个体的创业概率。④从创业对个体效用的影响效应来看，在货币回报方面，创业相对工资性工作存在显著的收入溢价；在非货币回报方面，创业者的工作时间和收入满意度均显著高于工资获得者，但工作满意度和生活满意度与工资获得者不存在明显差异。

基于以上结论，本书得到我国有关促进创业活动水平提高、优化创业环境的政策含义：第一，优化金融环境，缓解信贷约束，促进居民创业行为；第二，重点扶持中小创业者，改善收入分配状况；第三，优化创业结构，实现从“自雇型”创业向“雇主型”创业的转化。

本书的创新主要体现在研究的视角、内容和方法三方面：①从理论和实证方面深度剖析财富与创业行为之间的关系，为我国政府利用金融手段提高创业活动水平、优化创业结构提供依据；②建立了个体层面的创业选择模型，将财富与创业行为纳入同一个分析框架，从理论上提出本书的研究假说；③针对定量分析中可能存在的内生性问题，在基准估计的基础上采取了工具变量法、倾向得分匹配法、面板固定效应模型及双重差分法等多种估计方法，保证研究结论的稳健性。

作者本着认真负责的态度编写本书，但由于经验和能力有限，本书难免有不足之处，敬请读者批评指正，以便进一步修订和完善。

冯大威

2019 年 8 月

目　录

第1章 绪论

1.1 问题的提出

创业活动在经济和社会发展中发挥着重要的作用。在宏观层面，企业家创业活动能够促进经济总量的增长、提高生产率、创造就业机会以及推动创新活动（Audretsch et al.，2015；李宏彬等，2009；Andersson et al.，2012；Glaeser et al.，2015；Huggins and Thompson，2015）。在微观个体层面，创业活动促进了劳动力就业的灵活性，提高了个体的工作满意度、生活满意度和主观幸福感（Blanchflower and Oswald，1998；Binder and Coad，2013；潘春阳和王紫妍，2016）。

中国政府近年来十分注重创业，中国创业活动也呈现出逐年活跃的趋势。从微观层面来看，中国健康与营养调查（CHNS）数据显示，1989~2009年，中国非农自雇率年均增长率超过10%（解垩，2012）。从宏观层面看，以个体私营经济从业人员占全国就业人员的比例作为创业率衡量指标，我国创业率由1992年的4.08%增加至2015年的36.25%，其中民企创业率由0.35%增长至21.17%，个体创业率由

3.73%增长至15.08%。个体私营经济已经成为吸纳就业人口的“蓄水池”。近年来，随着中国经济进入转型升级的关键阶段，经济增速放缓、就业压力增大的问题不断凸显。在此背景下，2018年9月，国务院出台了《关于推动创新创业高质量发展打造“双创”升级版的意见》，明确提出要推动创新创业高质量发展，从而增强创业带动就业能力、提升科技创新和产业发展活力、创造优质供给和扩大有效需求，最终激发经济发展内生动力。因此，如何优化创业环境、引导劳动力创业已经成为学术界和决策者高度关注的话题。

国内外学者已对居民创业问题展开了系列研究，内容主要涉及创业行为影响因素和创业回报两方面。与后者相比，前者更是研究的重点。进一步来看，已有学者对创业行为影响因素的研究涵盖了个体、家庭以及宏观环境三个层面，包括个体层面的人口统计特征（Caliendo et al.，2011；Koellinger et al.，2013）、人力资本（Lazear，2005；李涛等，2017）、风险偏好（Hvide and Panos，2014）等；家庭层面的物质资本（Evans and Jovanovic，1989；Hurst and Lusardi，2004；Kerr et al.，2015）、社会资本（马光荣和杨恩艳，2011；王春超和冯大威，2018）等；宏观环境层面的房价（吴晓瑜等，2014）、政府管制（陈刚，2015）、产业集聚（张萃，2018）、社会规范（郑馨等，2017）等。在上述因素中，财富与创业的关系是研究的热点和难点，国外有大量研究对两者之间的关系进行理论和实证方面的讨论。但国内研究中，受限于数据和研究方法，对两者关系的讨论较少，且多以更容易面临信贷约束的农户为研究对象。与此同时，考虑到政府采取的创业激励政策较多地是利用金融手段，而国内相关研究的单薄降低了政策实施的可靠性。

改革开放以来，我国经济经历了持续高速增长。在国家快速繁荣的大背景下，我国居民的收入和财富也正经历着一个高速增长和积累的过程。2017 年全国居民人均可支配收入为 25974 元，其中，全国城镇居民人均可支配收入从 1978 年的 343 元增加到 2017 年的 36396 元，农村人均可支配收入从 1978 年的 134 元增加到 2017 年的 13432 元，居民可支配收入的增长积累了家庭财富。① 自 2000 年起，中国的家庭财富每年增长 12.5%，相当于过去 17 年增长了 6 倍。2016 年我国家庭人均财富为 169077 元，较 2015 年大幅增长 17.25%，其中城镇家庭和农村家庭的人均财富分别为 240023 元和 76761 元，增长幅度分别为 15.22% 和 18.49%。② 结合国内对财富与创业关系研究相对比较稀缺以及我国家庭财富积累经历了高速增长的背景，本书从家庭财富的视角研究我国城镇居民的创业问题。家庭财富的快速积累究竟是促进了还是抑制了我国城镇居民的创业行为，这是本书需要重点解决的问题。

财富对创业行为的影响是本书研究的主要内容，在此基础上，本书进一步从货币回报和非货币回报两方面，研究了创业行为对个体效用的影响。同时对创业回报进行研究，一方面可以检验我国当前经济环境是否有利于个体创业，从而刺激劳动者的创业动机；另一方面也有助于剖析我国城镇居民创业决策机制，是基于创业的“高收入”特性，还是“非货币性效用”。

基于以上考虑，本书主要研究两方面内容：家庭财富对城镇居民创业行为的影响以及创业行为对个体效用的影响。

① 资料来源：《中国统计年鉴》。
② 资料来源：《中国家庭财富报告》（2016 ~ 2017 年）。

1.2 核心概念界定

1.2.1 家庭财富

家庭财富由金融资产、房产净值、动产与耐用消费品、生产经营性资产、非住房负债以及土地六大部分组成，其中房产净值是指房产现价减去住房债务，非住房负债是指除住房债务以外的其他一切债务。定量分析中多采用家庭资产净值来衡量家庭实际的财富水平（Hurst and Lusardi，2014）。家庭资产净值是依据房产净值、生产性固定资产、金融资产、耐用品和贵重品资产以及各种正式和非正式的家庭负债等计算得到。本书同样采用家庭净资产衡量家庭财富水平。

1.2.2 创业者

创业行为指某个人发现某种信息、资源、机会或掌握某种技术，利用或借用相应的平台或载体，将其发现的信息、资源、机会或掌握的技术以一定的方式，转化、创造成更多的财富、价值，并实现某种追求或目标的过程。创业者是创业行为的实施者。法国经济学家 Cantilon（1755）较早引入了创业者的概念，将“按照固定价格购买和按照不确定价格出售”的风险承担者称为创业者。此后，来自经济学、管理学、社会学、心理学等不同学科领域的学者从不同研究角度对创业者的概念进行了研究。创业者是一个不断发展的概念，学界对创业者的定义、功能及范围的理解没有一致结论，但他们都肯定了创业者是异质性人力资本的所有者，具备创新和冒险精神，通过识别创业机会，并投入可利用创业资源，实现潜在的获利机会。

在定量分析中如何界定创业者，目前学界普遍从“从事独立生产经营活动”属性出发，采用自我雇佣指标识别个体在某一时点是否是创业者（Evans and Jovanovic，1989a；Blanchflower and Oswald，1998）。在国内外人口的调查数据中，对个体就业身份的调查普遍包括自我雇佣选项。本书在定量分析中同样采用自我雇佣指标识别个体是否是创业者。本书进一步从是否有家庭以外雇员的角度对创业者进行了分类，将自我经营活动中家庭以外雇员数量为0的定义为“自雇型”创业者，大于等于1的定义为“雇主型”创业者。

1.2.3 效用

效用指的是一个人在占有、使用、消费某种商品或接受某种服务时获得的快乐或满足，也是一种主观满意度。工作获得的收入、收入不确定性、工作时间灵活性、工作独立性等方面均影响着个体效用。因此本书在研究创业对个体效用影响时，从货币回报和非货币回报两个方面综合衡量个体效用。货币回报表现为收入，而非货币回报表现为工作时间、满意度、幸福感等。

1.3 研究内容

围绕重点解决的两个研究问题，本书主要的研究内容包括以下几个方面：

内容一：构建创业选择模型。本书首先建立一个个体层面的创业选择模型，将家庭财富与个体创业行为纳入同一个分析框架。为简化起见，只考虑单一时期的创业选择行为，将个体所面临的就业选择划分为两类：工资性工作和创业活动，并假定理性个体是基于相对收入做出创业决策。给定创业者和工资获得者的收入函数及预算约束条件分别计算出两者面临的最优收入函数，是否选择创业取决于两类最优收入函数的高低。通过理论分析对财富与创业选择行为的关系进行理论上的判断，提出本书的研究假说。

内容二：检验家庭财富对我国城镇居民创业行为的影响。本书首先利用 CHIP 2008 数据进行了基准估计，考虑到潜在的内生性问题，通过选取较为外生的衡量指标及引入工具变量两种方法进行估计，最后又考虑了创业者的内部异质性，利用多元选择模型估计城镇居民在“自雇型”创业、“雇主型”创业和工资性工作之间的选择问题；在基准估计的基础上，考虑到截面数据在识别方面存在的局限性。进一步引入 CFPS 四轮面板数据对家庭财富与创业行为之间的关系进行稳健性检验，利用面板固定效应模型进行估计。

内容三：检验住房改革这一“准自然实验”对居民创业行为的影响。本书又利用 20 世纪末我国公有部门住房改革这一能够对家庭财富造成外生冲击的“准自然实验”，采用双重差分法及面板固定效应模型估计了住房改革对城镇居民创业行为的影响。以上分析均为家庭财富与创业行为的关系提供了实证检验的证据。

内容四：检验创业行为对个体效用的影响。利用 CHIP 2008 数据，从货币回报和非货币回报两方面进行了基准估计。在基准估计结果的基础上，本书又利用 CHNS 面板数据为创业的货币回报提供了稳健性检验，并基于 CLDS 数据为创业的非货币回报提供了稳健性检验（见图 1－1）。

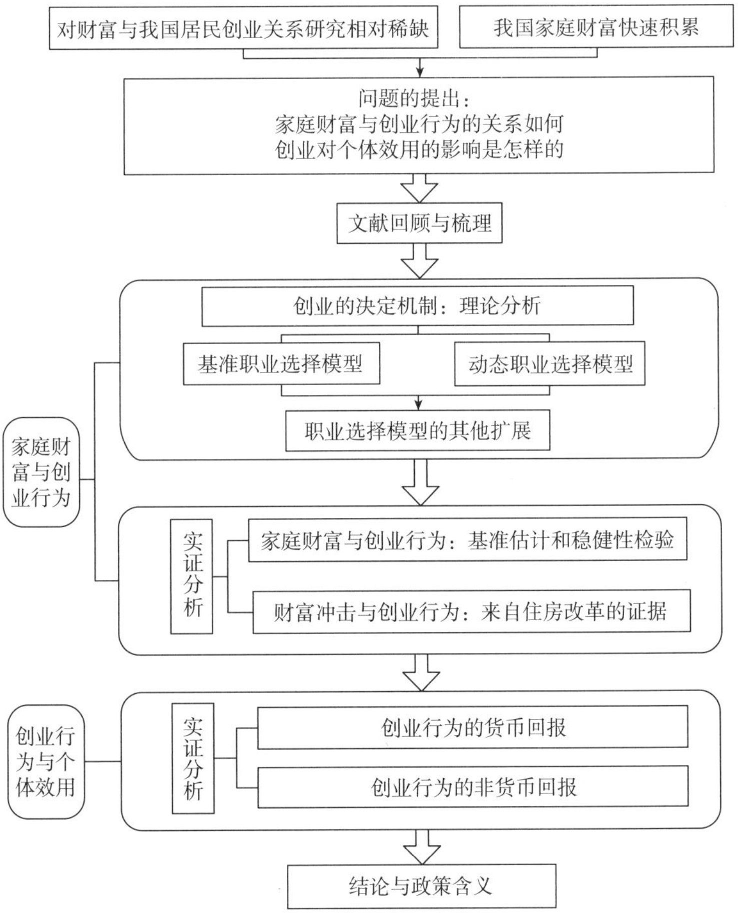

图 1－1　本书研究思路

1.4 研究方法

本书采用定性与定量分析、理论与实证分析相结合的研究方法，采用具有全国代表性的微观调查数据，对我国城镇居民的创业行为进行了深入细致的分析，书中所采用具体研究方法如下：

1.4.1 文献研究法

在第2章文献评述部分，从创业影响因素、财富与创业的关系以及创业对个体效用影响三方面，对国内外相关文献进行了系统性的梳理和评述。其中，第一部分对创业影响因素的讨论从个体、家庭和外部环境三个层面展开，从理论和实证两方面重点介绍了关键因素与创业行为的关系，以上讨论不仅有助于加深对上述因素与创业行为关系的认识，也为本书对财富与创业关系的定量分析中控制变量的选择提供了参考。第二部分对财富与创业的关系进行了详细介绍，如何缓解财富存在的内生性问题是相关研究努力的方向，从选取较为外生的财富衡量指标、引入合适的工具变量以及寻求能够对财富造成冲击的“准自然实验”。通过对以上问题的梳理，在本书的实验检验部分，本书也从这三方面对财富与创业行为的关系进行了细致的检验。此外，财富与创业行为的非单调关系是既有研究容易忽略的一个点，本书在研究中也进行了考虑。第三部分对创业，对个体效用的影响进行了梳理。从创业的货币回报、非货币回报及创业决策机制三方面展开，在对该问题进行研究时，自选择问题需要重点考虑，既有研究多采用倾向得分匹配、计算选择偏差系数纠正以及应用面板固定效应模型等方法解决该问题，这也为本书实证分析的进行及拓展提供了思路。总之，上述文献的介绍一方面厘清了相关研究的现状及问题，另一方面可以在这个基础上提炼出本书可能的创新点。

1.4.2 理论分析法

在对财富与创业行为的关系进行理论分析时，本书建立了一个个体层面的创业选择模型，将家庭财富与个体创业行为纳入同一个分析框架。为简化起见，只考虑单一时期的创业选择行为，将个体所面临的就业选择划分为两类——工资性工作和创业活动，并假定理性个体是基于相对收入做出创业决策。给定创业者和工资获得者的收入函数及预算约束条件分别计算出两者面临的最优收入函数，是否选择创业取决于两类最优收入函数的高低。通过理论分析对财富与创业选择行为的关系进行理论上的判断，提出本书的研究假说。

1.4.3 实证分析法

本书重点解决的问题有两个：家庭财富对创业行为的影响及创业行为对个体效用的影响，前者更是研究的重点。本书第5章和第6章两章内容从实证方面对第一个问题进行了分析：其中在第5章，本书首先利用 CHIP 2008 数据进行了基准估计，基准估计中先利用二元 Probit 模型估计家庭财富对城镇居民创业选择行为的影响，然后考虑到潜在的内生性问题，引入工具变量进行了 IV Probit 模型估计，最后又考虑了创业者的内部异质性，利用多元 Probit 模型估计了城镇居民在“自雇型”创业、“雇主型”创业和工资性工作之间的选择问题；在基准估计的基础上，文章随后利用 CFPS 四轮面板数据对家庭财富与创业行为之间的关系进行了稳健性检验，并利用面板 Logit 模型进行了面板固定效应估计；在第 6 章本书又利用公有部门住房改革这一能够对家庭财富造成外生冲击的“准自然实验”，采用双重差分法及面板 Logit 模型估计了住房改革对城镇居民创业行为的影响。以上分析均为家庭财富与创业行为的关系提供了实证检验的证据。

针对第二个问题的实证估计，在第 7 章本书先利用 CHIP 2008 数据进行基准估计。首先用最小二乘法（OLS）进行估计，考虑到创业的货币回报可能存在“马太效应”，本书又引入了分位数估计，最后考虑到可能存在的自选择问题，本书利用处理效应模型和倾向得分匹配方法进行估计。在随后进行的稳健性检验部分，作者对创业的货币回报和创业的非货币回报分别进行了稳健性检验。创业的货币回报部分，作者引入 CHNS 面板数据，并利用混合数据 OLS 模型和面板固定效应模型进行估计。创业的非货币回报部分，作者引入 CLDS 数据利用 OLS 模型、处理效应模型及面板固定效应模型进行估计。以上分析均为创业行为对个体效用的影响提供了实证检验的证据。

针对以上两个研究问题，作者引入多套数据，采用多元化的估计方法，通过实证检验为本书的研究内容提供证据。

1.5　数据来源

本书以城镇居民创业行为为研究核心，出于估计结果全面性和稳健性的考虑，采用了多套数据，以微观数据为主，具体数据来源如下：

1.5.1　CHIP 2008 数据

中国家庭收入项目调查数据（CHIP 2008）来自澳大利亚国立大学、昆士兰大学和北京师范大学联合进行的项目，包含三个子样本：城镇住户样本、农村住户样本及农民工样本。本书重点考察城镇居民的创业行为，因此将研究样本限制为城镇住户调查中的受访者。城镇调查在 18 个城市展开，包括 8 个东部城市（上海、南京、无锡、杭州、宁波、广州、深圳、东莞）；6 个中部城市（合肥、蚌埠、郑州、洛阳、安阳、武汉）、4 个西部城市（重庆、成都、绵阳、乐山）。在第 5 章研究家庭财富对创业行为影响及第 7 章研究创业对个体效用影响的基准估计中应用了该数据。CHIP 2008 数据虽然为单一年度截面数据，但该数据涉及 5000 个城镇家庭及 14948 个个体，有效样本规模较大。

1.5.2　CHNS 数据

CHNS 数据来源于北卡罗来纳大学的和中国疾病控制和预防中心

在中国联合进行的中国健康和营养调查。该调查覆盖9个省（自治区）（辽宁、黑龙江、山东、江苏、河南、湖北、湖南、广西、贵州）的城镇和农村，并包含了人口特征、就业状况及家庭背景等方面的丰富信息。CHNS数据调查采用多阶段分层随机整群抽样（Multistage Random Cluster Sampling）方法，依据地理位置、经济发展程度、公共资源的丰裕程度和健康指数覆盖了中国东部、中部和西部八九个省份。CHNS样本具有全国代表性。目前可以得到1989年、1991年、1993年、1997年、2000年、2004年、2006年、2009年及2011年共9年的数据。在第6章研究住房改革、财富冲击对城镇居民创业行为的影响及第6章对创业的货币回报进行稳健性检验时应用了该数据。虽然单一年度有效样本量较少，且追踪率较差，但CHNS为跨期较长的面板数据，能够满足本书的研究需要。

1.5.3 CFPS数据

CFPS来自北京大学中国社会科学调查中心实施的中国家庭追踪调查（China Family Panel Studies，CFPS），旨在收集全国代表性样本村居、家庭和家庭成员的信息，全面反映中国社会变迁和经济发展的状况。在2008年和2009年对广东、上海、北京三地区进行了预调查与追访调查，并于2010年开展正式调查，目前可以公开获取的数据为2010年、2012年、2014年及2016年的面板数据。CFPS调查覆盖全国25个省份，采用城乡一体的多阶段、内隐分层和与人口规模成比例的抽样方法保证样本的代表性。样本具有全国代表性。在第5章对家庭财富与居民创业行为的关系进行稳健性检验时应用了该数据。CFPS数据追踪率较高，本书采用2010~2016年面板数据进行研究。

1.5.4 CLDS 数据

中国劳动力动态调查（China Labor－force Dynamic Survey，CLDS）数据来源于中山大学社会科学调查中心。CLDS 以 15～64 岁的劳动年龄人口为对象，以劳动力的教育、就业、劳动权益、职业流动、职业保护与健康、职业满足感和幸福感等的现状和变迁为核心。同时对劳动力所在社区的政治、经济、社会发展，以及对劳动力所在家庭的人口结构、家庭财产与收入、家庭消费、家庭捐赠、农村家庭生产和土地等众多议题开展了调查，是一项跨学科的大型追踪调查。CLDS 样本覆盖中国 29 个省份，采用多阶段、多层次与劳动力规模成比例的概率抽样方法，样本具有全国代表性。该项目通过每两年一次的动态追踪调查，建立了劳动力、家庭和社区三个层次的追踪数据库，2012 年是该项目的第一次调查，2014 年、2016 年分别为第二、第三次调查，目前可以公开获得 2012 年、2014 年和 2016 年三期数据。在第 7 章对创业的非货币回报进行稳健性检验时应用了该数据。CLDS 数据提供了较为全面的非货币回报衡量指标，也能够提取一个两期的面板数据，弥补了基准估计的缺陷。

1.5.5 城市和省级宏观数据

本书研究主题为微观主体创业行为，因此定量分析以微观数据为主，城市和省级宏观数据主要是以控制变量或工具变量的形式引入实证分析。

1.6 创新和不足之处

1.6.1 创新

在研究视角上，本书选择从家庭财富的视角研究我国城镇居民的创业行为。在影响创业行为的多维因素中，财富与创业的关系一直是研究的焦点，但以我国居民为研究对象的相关文献依然有待拓展，本书从理论和实证方面深度剖析两者之间的关系，为我国提高创业活动水平、优化创业结构提供理论依据。

在研究内容上，第一，本书建立了个体层面的创业选择模型，将财富与创业行为纳入同一个分析框架中，从理论上提出本书的研究假说，即从线性关系来看，两者之间可能是正相关的，从非线性关系来看，两者之间可能存在倒U形关系；第二，本书利用了住房改革形成的"准自然实验"，为家庭财富与创业的关系提供更有效的证据；第三，本书估计了创业行为对个体效用的影响，这不仅为鼓励个体创业政策的实施提供了依据，也对我国城镇居民创业决策机制进行了检验。

在研究方法方面，第一，有关财富与创业关系研究的难点在于如何解决内生性问题，在实证分析中，作者在基准估计的基础上，通过选取较为外生的衡量指标、引入工具变量、选用面板数据进行固定效应模型估计，以及利用住房改革形成的"准自然实验"，采用双重差分法和面板固定效应模型进行估计等多种方法有效缓解了内生性问题。

第二，在研究创业回报时，考虑到自选择问题，本书利用处理效应模型、倾向得分匹配、面板固定效应模型等多种方法进行估计，保证了估计结果的稳健性。

1.6.2 不足之处

（1）理论分析较为单薄。本书针对财富对创业行为的影响这一问题，建立了一个创业选择模型，将两者纳入同一个分析框架，提出有关两者之间关系的理论推论。但理论分析仅限于模型分析，并没有对背后的作用机制进行讨论。这也是既有文献对该问题研究的短板。在分析创业行为对个体效用的影响时，本书也只是进行了实证分析，对货币回报和非货币回报差异产生的原因并没有进行讨论。

（2）基准创业选择模型的局限性。在理论分析部分，本书构建了静态创业选择模型，对于在基准模型基础上可能做出的“从静态到动态”“从相对收入到相对效用”及“从两部门到多部门”方面的拓展，本书没有对拓展模型的具体设定以及推导进行探讨。

（3）理论与实证的对应问题。理论模型的推论为：对于不受资本约束的个体，家庭财富对其创业行为不存在影响；但对于受资本约束的个体，家庭财富能够提高其创业概率。在实证分析中，作者尝试从“是否受资本约束”对创业行为进行异质性分析，但“是否受资本约束”取决于个体的企业家能力和家庭财富匹配情况，定量分析中难以进行区分，因此理论与实证的对应关系存在一定的偏差。

（4）数据的可比性问题。在研究财富对创业行为的影响时，本书利用 CHIP 2008 数据进行基准估计，同时引入 CFPS 和 CHNS 数据进行稳健性检验。同样，在研究创业行为对个体效用的影响时，本书用

CHIP 2008 数据进行基准估计，同时引入 CHNS 和 CLDS 数据进行稳健性检验。上述四种不同来源的数据，虽然在抽样方法上样本均具有全国代表性，但涉及地区范围存在较大的差异，并且调查时间相差较大，因此研究结论的统一性和可比性会存在一定的问题。

第2章　文献综述

本章内容从创业影响因素、财富对创业行为的影响以及创业行为对个体效用的影响三方面对国内外相关文献进行梳理和评述，一方面理清相关研究的现状及问题，另一方面可以在既有研究基础上提出本书可能的创新点和贡献点。

2.1　创业影响因素

已有对创业影响因素的讨论涵盖三个层面：个体、社会（家庭）以及外部环境（王春超和冯大威，2016），考虑较多的因素包括个体层面的人口统计特征（Caliendo et al.，2011；Koellinger et al.，2013）、人力资本（Lazear，2005；李涛等，2017；Levine and Rubinstein，2017）、风险偏好（Hvide and Panos，2014）、宗教信仰（阮荣平，2014）等；社会层面的家庭财富（Evans and Jovanovic，1989a；Hurst and Lusardi，2004；Kerr et al.，2015）、社会资本（马光荣和杨恩艳，2011；周广肃等，2015；王春超和冯大威，2018）等；外部环境层面的房价（吴晓瑜等，2014）、政府管制（陈刚，2015）、行政审批（张龙鹏等，2016）、市场结构（倪鹏途和陆铭，2016）等。

在对创业影响因素进行介绍时，本书重点从既有研究中考虑比较多的人口统计特征、人力资本、心理特征、社会网络、外部环境、制度和文化七个方面进行介绍。

2.1.1 人口统计特征

2.1.1.1 年龄

理论上看，随着年龄的增长，积累的创业资源会越来越多，包括人力资本、金融资本和社会资本，上述资源均是影响创业决策的重要因素；年龄越大，对更为灵活的工作环境的需求也就越强，相对于工资性工作，创业在对工作环境、工作时间的要求方面显得更为灵活；此外，创业也是接近或已经退休的劳动力，延长工作时间的重要就业选择。另外，年龄越大，个体的工作专注力、学习能力、体能、敢于接受挑战的冒险精神及创新能力等方面会发生相应的下降，其创业动机及创业能力均受到了一定的抑制。

在定量分析中，较多的研究是同时引入年龄的一次项和平方项，考察年龄与创业之间的非线性关系。研究发现创业选择和年龄之间存在倒 U 形关系（Andersson and Hammarstedt，2010；Caliendo et al.，2011）。当然，也有例外的结论，只引入年龄的一次项，部分研究发现年龄对创业选择的影响是正向的（Blanchflower，2000），但也有研究发现年龄对创业倾向的影响是不显著的（Evans and Leighton，1989a）。

2.1.1.2 性别

在创业者群体中，女性所占比例一般比较低。首先，女性比男性具有更低的风险容忍度，而风险性和不确定性是创业活动的特性；其次，在创业资源获取方面，女性更倾向于依赖自己拥有的资源，而不去寻求外部资源，考虑到资源在创业决策阶段发挥的重要作用，女性面临着更为严重的进入障碍；最后，女性和男性的社会资本也存在明显差异。男性的社会网络通常更多样化，包含着更强大的以工作为中心的关系网（Koellinger et al.，2013），社会网络有助于其发现创业机会及获取创业资源。另外，女性在工资性工作就业市场面临着性别歧视，就业机会相对匮乏，并且照料家庭和孩童的要求也会迫使女性选择工作时间更为灵活的创业活动。因此基于理论分析判断性别对于创业倾向的影响具有不确定性，实证研究也印证了理论的判断。

较多实证研究发现女性更不可能选择创业活动（Klyver et al.，2013；Koellinger et al.，2013）。但也有研究得出了相反的结论（Co et al.，2005）。考虑到女性在心理特征、获取外部资源的能力、面临的就业市场歧视等方面与男性存在较大差异，有越来越多的研究开始集中以女性为研究对象（Ghani et al.，2014；Mel et al.，2014；Valdivia，2015；Field et al.，2015）。

2.1.2　人力资本

2.1.2.1　教育

在教育水平方面，一方面，受教育程度越高，其人力资本和社会资本水平越高，有助于其识别市场机会以及获取创业资源，在创业活动中也更容易获得成功。另一方面，受教育程度较高的个体更有机会获取稳定的、待遇高的工资性工作，在实施创业行为时要承担更多的机会成本从而抑制了他们的创业动机（Berkowitz，2005）。

在实证分析中，只考虑两者之间的线性关系，有研究发现教育对创业选择的影响为正（Dawson et al.，2013），但也有研究发现影响为负或不存在显著影响（Van der Sluis et al.，2008）。但越来越多的定量分析开始考虑教育对创业选择的非线性影响，发现两者之间存在 U 形关系（Blanchflower，2000；Poschke，2013）。

2.1.2.2　工作经验

在工作经验方面，潜在创业者在创业过程中会面临多样化的任务，因此能成为创业者的必然是各种技能比较全面的人（Lazear，2005）。Lazear 通过对斯坦福大学 MBA 毕业生的研究发现从事过更多类工作和在校期间所选课程更为广泛的毕业生更有可能选择创业。个体从以前的工作中学习经验，提升自己的人力资本，因此大部分研究发现工作经验的影响是显著为正的（Evans and Leighton，1989a；Lazear，2005）。

2.1.3　心理特征

风险偏好经常被用来解释个体创业选择行为差异。相对于工资性工作，创业活动面临更大的风险和不确定性，内部收入差异相对于工资性工作更大（Hamilton，2000）。基于相关理论分析，具有较低风险规避度的个体更倾向于创业（Kihlstrom and Laffont，1979）。实证分析中，研究风险偏好对个体创业行为影响时，风险偏好代理指标一般选取个体层面的心理调查数据（Djankov et al.，2006；Skriabikova et al.，2014），但主观报告的心理特征往往存在衡量偏误，且会影响估计结果。有研究基于个体所表现出来的经济行为衡量其风险偏好，如个体投资数据（Hvide and Panos，2014）、过去几年收入的方差（Yueh，2009）等。较多研究证实风险偏好对创业选择有正向的影响（Hvide and Panos，2014；Skriabikova et al.，2014）。但也有研究发现风险偏好对创业行为的影响是非线性的，Hu（2014）利用中国社会调查数据研究发现风险中性的个体更容易选择创业活动，而规避风险和偏好风险的个体都更容易成为工资性获得者。

此外，还有一些心理特征也是影响个体创业行为的重要因素，如过度自信（Koellinger et al.，2007）、追求独立的渴望（Croson and Minniti，2012）、害怕失败（Cacciottia et al.，2016）等。

2.1.4 社会网络

2.1.4.1 一般社会网络

社会网络可以通过提供信息与资源的支持，帮助个体更好地识别创业机会及获取创业资源。社会网络在个体创业选择及创业表现等方面都发挥着重要作用。Allen（2000）提出了社会网络可以降低创业成本的理论模型，并通过检验发现社会网络的规模和结构均会影响个体的创业选择，进而从社会网络的角度解释了男性和女性创业水平的差异。陈刚（2015）利用中国综合社会调查（CGSS）数据研究发现，社会网络规模每增长1%，个人的创业概率将会提高2.1%。马光荣和杨恩艳（2011）在研究社会网络对中国农村家庭创业边际影响的基础上，进一步提出并检验了社会网络可能的作用机制——提供非正规金融借贷。

社会网络包括微观和宏观两个层面，以往研究更多偏重于个体层面社会关系。Kwon和Arenius（2013）研究了宏观层面社会网络对个体创业选择的影响，发现居住在具有较高社会信任水平社区的个体更倾向于创业。Poon等（2012）综合考虑了微观和宏观两个层面社会网络对越南女性创业活动的影响，研究发现微观层面社会网络会提高女性的创业概率，但宏观层面社会网络可能会有相反的影响。

2.1.4.2 父母

在对创业活动的研究中，父母对孩子创业活动的影响是研究的热点。父母对孩子的影响主要通过以下传导机制来影响：一是人力资本的传递，比如经商能力、知识、价值观以及经商的态度等；二是特殊的人力资本的传递，比如父母的职业及为人处世的态度；三是提供资本；四是父母的榜样效应。

在定量分析中，较多文献发现父母有创业经历会显著提高子女创业选择（Andersson and Hammarstedt，2010；Lindquist et al.，2015）。但对影响机制的讨论没有一致结论。也有研究探讨了祖父母对孙辈的影响，Andersson 和 Hammarstedt（2010）利用瑞典的本地和移民男性数据研究发现，有创业经历的父母对孩子创业活动的影响都显著为正，但有创业经历的祖父母对移民个体的影响为正，对本地人并没有显著影响。

2.1.4.3 配偶

在社会网络结构中，另一个对个体创业选择有重要影响的因素是配偶。配偶同为创业者的家庭数量比较多（Blanchflower and Meyer，1994）。配偶可以通过以下三个渠道正向影响个体的创业行为：一是选择性婚配，个体在择偶过程中，倾向于选择具有相似教育背景、年龄、工作偏好的配偶（Andersson and Hammarstedt，2010）；二是榜样效应，个体的创业选择会受到配偶工作表现的影响；三是物质资本或人力资本共享理论（Caputo and Dolinsky，1998），夫妻可以共享家庭拥有的物质、人力和社会资本资源。较多实证检验发现配偶的影响显著为正（Parker，2008；Andersson and Hammarstedt，2010；Dohmen et al.，2012），但对影响机制的检验同样没有一致结论。另外，配偶对个体创业选择也可能存在负向影响，由于创业活动面临着较高不确定性，夫妻之间很可能选择不同的就业方式，从而分散收入风险（Parker，2008）。

2.1.5 外部环境

外部环境给潜在创业者提供创业资本和市场需求刺激。市场需求刺激给创业者提供了可利用的机会，创业资本提供了创业者所需要的必须资源，所以好的外部环境会促进创业行为。

在人均 GDP 方面，根据 Lucas（1978）提出的理论模型，用人均 GDP 作为人均资本的代理指标，随着资本密集程度的提高，创业活动相对于工资性工作的回报率会下降。较多实证研究证实人均 GDP 与地区创业水平负相关（Torrini，2005；Arin et al.，2014），因此在经济水平较高的国家和地区，其创业活动水平较低，但人均 GDP 给潜在创业者提供市场需求刺激。

失业率方面，失业率高一方面会通过减少工资性工作就业机会，从而迫使个体选择创业活动，另一方面也会降低消费需求，引起消费市场萎缩，抑制创业活动。实证研究中，有研究发现是正相关的（Evans and Leighton，1990），但也有人发现是负相关（Blanchflower，2000）。

此外，在外部环境影响因素中，创业氛围（Guiso et al.，2015）、国有部门比例（Torrini，2005）、人口规模与人口密度（Audretsch and Fritsch，1994；Armington and Acs，2002）、基础设施（Ghani et al.，2014a）等也都是研究的重点。

2.1.6 制度

近年来，制度因素被越来越多地用来解释国家间或地区间创业活动水平的差异，制度改革也被政府视为培育创业者群体的重要举措。尤其在发展中国家存在诸多不利于培育创业者的制度障碍，加快产权制度和法律制度的改革，创造公平竞争环境以刺激人们的创业动机显得尤为重要。在对创业行为影响因素的实证研究中，制度因素考虑得比较少，一方面是因为制度因素难以量化，另一方面是因为研究对象通常是处于同一或者相近制度环境下。近年来，制度因素被越来越多的用来解释国家间或地区间创业活动水平的差异。

在税收制度方面，相对于工资性工作，创业活动避税的可能性更大，因此税率的提高将会迫使更多有逃税动机的人选择创业活动，较多实证研究对这一理论进行了证实（Asoni and Sanandaji，2014）。然而如果创业活动收入对个人努力程度的弹性相比于工资性工作更大，税率提高对创业者收入的负向影响将高于工资获得者（Robson and Wren，1999）。这种负向影响可能超过成功避税获得的正向影响。因此基于理论上的分析并不能判断税率对创业活动水平的影响。事实上，也有研究发现两者之间存在负相关关系（Fölster，2002）。但在政策制定的过程中，一般认为高税率会抑制创业活动。

既有研究大都以税率作为税收制度的代理指标，Torrini（2005）综合考虑了税率和税法执行情况，对 OECD 国家创业活动水平的研究发现，无论是税率鼓励还是抑制创业活动都取决于政府对逃税行为的态度；Asoni 和 Sanandaji（2014）考虑了不同类型税收对创业活动的影响，研究比例税率对创业活动水平没有影响，但累进税率会显著提高创业水平。

此外，在影响创业行为的其他制度性因素中，社会治安（Rosenthal and Ross，2010）、产权制度（Liang et al.，2014；陈刚和陈敬之，2016）、政府管制（陈刚，2015）、行政审批（张龙鹏等，2016）等也都是实证研究中重点考虑的因素。

2.1.7 文化

文化也是解释地区创业活动水平差异的重要因素。文化是特定群体或社会的潜在的系统价值观，塑造着一个社会个体的特征，也影响着成员的行为特征。赵向阳等（2012）基于“全球领导力与组织行为有效性”（Global Leadership and Organizational Behavioral Effectiveness，GLOBE）和“全球创业观察”（Global Entrepreneurship Monitor，GEM）两个国际性数据库从国家文化的视角来解释不同国家创业活动活跃程度的差异。Mueller 和 Thomas（2001）通过研究发现创业活动在具有较低不确定性规避的文化环境中更活跃；Lee 和 Peterson（2001）比较分析了不同的文化环境对企业家创业活动的影响，发现一个鼓励独立思考、更看重财富、不循规蹈矩、不倾向于接受他人帮助的社会的成员更有可能创业；但 Freytag 和 Thurik（2006）对欧盟和美国的研究则发现文化对创业偏好有影响，但对实际的创业活动并没有显著影响。

以上分析从人口统计特征、人力资本、心理特征、社会网络、外部环境、制度和文化等方面对创业行为影响因素进行了介绍，在分析创业行为影响因素时，以上因素均是考虑的重点。该部分的内容分析也为本书定量分析中控制变量的选取提供了依据。

2.2 家庭财富对创业行为的影响

财富与创业的关系是本书关注的焦点，财富因素也是既有研究创业影响因素的文献中讨论最多的部分①，本书从财富与创业、财富与创业的内生性考虑、财富与创业的非单调关系三方面对该部分文献进行梳理。

2.2.1 财富与创业

相对于工资性工作，创业活动需要一定的初始资本投入，然而由于道德风险的存在，创业者在获取外部资本资源方面存在一定的融资约束，因此在创业过程中较难实现最优资本投入以实现收入最大化，进而影响其创业选择。创业资本来源包括自有资金和外部资本，家庭财富不但可以直接投入创业活动，还可以作为抵押品在资本市场获取外部抵押贷款。因此基于理论分析一般认为家庭财富与创业行为是存在正相关关系的，即在个体创业选择过程中存在流动性约束。

针对财富与创业行为的关系，Evans 和 Jovanovic（1989）做出了开创性的研究，他们构建了一个静态的创业选择模型，假设在期初劳动者就业状态均为工资获得者，但劳动者具有不同的家庭初始财富和企业家能力禀赋，理性个体依据相对收入优势决定是继续保留工资获

---

① 本书在对财富与创业之间关系的文献进行梳理时，研究内容为信贷约束与创业、资本与创业以及流动性约束与创业的文献统一归类为财富与创业关系的研究。

得者状态还是选择成为创业者。该模型将家庭财富、企业家能力与创业行为联系了起来，由于企业家能力不可观测、在微观数据中也难以进行度量，因此该模型成为研究家庭财富（资本）与创业关系的基准模型。在理论推论的基础上，Evans 和 Jovanovic（1989）又利用美国青年纵向调查（The National Longitudinal Survey of Young Men，NLS）所获取的1500个美国年轻白人男性的样本进行了实证检验，研究发现家庭财富水平与创业选择有着正相关的关系，而且还能够增加创业活动并提升创业的规模和层次。家庭财富从两方面促进了个体的创业行为：第一，家庭财富鼓励了潜在的具有创业能力的个体实现创业；第二，家庭财富成功的创业者实现最优规模的投资。较多实证研究发现家庭财富和创业选择是正相关的（Evans and Jovanovic，1989；Blanchflower and Oswald，1998；Schmalz et al.，2013），这一结论在两者关系的定量研究中是较为稳健的。财富对创业概率存在显著的正向影响，这也被视为创业选择过程中存在流动性约束的证据。

虽然在有关创业行为影响因素的讨论中，财富是既有研究关注的焦点和难点，但国内对财富与创业两者之间关系的研究相对比较少，且研究主体一般为农户。程郁和罗丹（2009）的研究发现信贷约束并没有直接制约农户的创业行为，放松信贷约束并不一定会促进农户的创业活动；而张龙耀和张海宁（2013）的研究发现，金融约束是影响家庭创业的重要因素，尤其对经济欠发达的农村地区家庭创业的抑制作用更大，但文中仅通过间接衡量家庭财富变化与创业选择之间的关系难以真正说明信贷约束对家庭创业选择的影响程度；刘杰、郑风田（2011）的研究采用多个代理变量代表农户的流动性约束，对于可能存在的内生性问题的代理变量，也采用工具变量法予以解决，研究结果显示信贷约束制约了农民的自主创业，但由于调研数据仅局限于山西、甘肃、浙江三省，研究结论可能存在区域局限性问题。

2.2.2 财富与创业的内生性考虑

在研究财富与创业行为关系时，需要考虑内生性问题。一方面，个体在从事创业活动的同时，也会通过生产经营活动积累家庭财富，是更富有的个体更容易选择创业，还是创业的个体更为富有？如何将初始财富与创业积累的财富区分开？对这些问题的回答直接关系到对家庭财富与创业行为关系的判断。另一方面，有创业动机的个体往往会在创业前提高储蓄倾向与积累家庭财富；此外个体直接通过继承家族企业成为创业者也会带来内生性问题，这一现象在国外研究中比较常见。

基于此，较多文献开始考虑由于偶然发生的外生冲击带来的家庭财富的变化对个体创业行为的影响。此种方法背后的原理是家庭财富的变化是外生的、不可预测的，能够对家庭财富造成正向或负向的外生冲击，因此不存在内生性问题。既有研究对影响家庭财富的外生事件的选择也存在较大的差异，常见的有：彩票奖金或其他类型的赌博性收入，遗产继承、房产增值、工作的奖金红利、裁员补贴、退休金等（Blanchflower and Oswald，1998；Li and Wu，2014；Hurst and Lusardi，2004；Schmalz et al.，2013；Harding and Rosenthal，2013）。

在定量分析中，上述能够对财富形成外生冲击的事件有些情况下直接作为财富的衡量指标引入创业选择的估计方程，在有些情况下则作为财富的工具变量引入估计方程，其中遗产继承和房产增值更是定量分析中考察的重点。Blanchflower 和 Oswald（1998）以及 Andersen 和 Nielsen（2012）均利用遗产继承作为家庭财富的外生冲击，验证了家庭财富对创业行为的促进作用。Georgellis 等（2005）利用英国家庭动态调查数据（BHPS）研究家庭财富外生冲击的影响时，综合考虑了不同类型外生事件对创业行为影响的差异，发现解雇费和遗产继承均提高了转换进入创业的概率，但彩票奖金降低了进入创业的概率。也有研究考虑了由于房价波动所带来的房屋价值的外生提高性，从而通过增加可借贷抵押贷款渠道影响创业行为的（Schmalz, et al., 2014; Harding and Rosenthal, 2014; Fairlie and Krashinsky, 2012）。

在国内研究中，吴晓瑜等（2014）研究了中国房价与创业的关系，利用2005年人口普查数据和CFPS数据研究发现，房价收入比高的地区，其居民创业的可能性较低，房屋所有权也显著降低了创业的概率。因此，房价对创业的挤出效应非常显著。将样本分为有房群体和无房群体后的分析发现，对房屋所有者来说，虽然家庭财富对创业有正效应，但是有偿还贷相对于收入的负担越重，其创业的概率就越低。对无房者而言，房价收入比对创业有显著负效应，高房价抑制了他们的创业行为；周京奎和黄征学（2014）利用城市住户调查数据，检验了住房制度改革、流动性约束对创业选择的短期与长期影响。发现住房制度改革通过降低流动性约束提高了职工“下海”创业倾向，而且住房制度改革的影响效应呈现短期与长期并存的特征；普莫喆和郑风田（2016）基于2002年和2008年的中国家庭收入调查（CHIP）分析了高房价对城镇居民创业行为的影响。实证结果表明，在其他条件不变的情况下，高房价能够提高中国城镇居民的创业概率，负担房贷会降低城镇居民创业的可能性，高房价刺激的多为“自雇型”创业，对“老板型”创业的促进作用不明显；李江一和李涵（2016）基于中国家庭金融调查（CHFS）2011年与2013年获得的微观家庭数据，利用中国特有的多样化的住房产权形式识别了住房拥有对家庭创业的影响与作用渠道。研究发现，相比于无房家庭与拥有不完全产权住房的家庭，拥有可抵押的完全产权住房显著提高了家庭参与创业的可能性，且这一效应在房价上升得更快的地方更显著。进一步的因果关系分析表明，拥有完全产权住房的家庭在创业过程中更有可能从银行获得信贷，且更有可能获得银行抵押贷款，同时，拥有完全产权住房还可帮助受到正规金融信贷配给的家庭获得非正规金融借款。因此，可抵押的住房通过缓解创业融资约束而对促进创业产生了积极影响。

当然，在解决内生性问题方面，双重差分法具有更好的识别效果。对财富与创业行为关系的讨论，也有越来越多的前沿研究开始利用政府项目或者房产改革等外生事件形成的“准自然实验”，利用双重差分法检验财富对创业活动的影响（Gine and Mansuri，2014；Schmalz et al.，2013；Wang，2012；Blattman et al.，2014；Bianchi and Bobba，2013）。如 Wang（2012）利用我国 20 世纪 90 年代中期的国企住房改革这一“自然实验”，利用 CHNS 数据检验了改革对我国城镇居民创业选择的影响。Wang（2012）认为，在住房改革后，家庭至少可以通过以下三个途径实现住房的价值：一是获得完全产权的家庭可以出售住房获得住房的溢价收益；二是可以通过出租房屋获得租金收益；三是可以通过抵押住房从正规或非正规渠道获得贷款为投资和消费融资。换言之，城市家庭可以通过多种途径实现住房改革带来的收益。研究发现住房改革家庭可以用住房作为抵押品，这就增强了个人利用自有房产为创业活动融资的能力，减弱了个人创业的信贷约束，从而增加了自主创业的个体经营者的比例；Bianchi 和 Bobba（2013）利用墨西哥农村地区的随机福利项目这一“准自然实验”发现，现金的随机转移会提高创业概率，进一步区分现金转移的时间发现，相对于当期的现金转移，未来可期的现金转移对创业选择的影响更为明显。

考虑内生性问题后，家庭财富和创业行为依旧是正相关的，从而验证了创业活动中资本约束的存在。但是，家庭财富不仅会直接影响到个体在创业活动中可以获得的资本量，还可能通过其他渠道影响个体创业选择。经济状况越好，个体也有更高的风险容忍度（Bianchi and Bobba，2013），以及更强烈的自己当老板的渴望（Hurst and Lusardi，2004），以上心理特征的变化也会提高个体创业选择倾向。因此即使不存在资本约束，以上两种机制也可能导致家庭财富跟创业选择正相关。但 Jensen 等（2015）利用丹麦的房产抵押贷款改革这一“准自然实验”检验创业选择过程中是否存在信贷约束，该外生冲击在不影响家庭财富的条件下可以提高个体在资本市场上获取外部抵押贷款的能力，研究结论支持了资本约束的存在及其对创业行为的影响。信贷可获得量增加 3 万美金，创业概率平均增加 12%。当然，从企业质量来看，新成立的创业活动要差于已存在的创业企业，存活率较低，因此放松信贷约束带来的创业概率的提升并不会带来创业活动水平的持续提升。

2.2.3 财富与创业的非单调关系

前文对财富与创业行为的关系进行讨论时，均只考虑了两者之间的单调关系。但无论是基于理论分析还是基于实证分析，两者之间也有可能存在非单调关系。这也是既有的研究容易忽略的一点。

财富与创业非单调关系的研究有两种典型结论。Hurst 和 Lusardi（2014）根据美国收入动态跟踪调查（The Panel Study of Income Dynamics，PSID）中的 7645 户美国家庭样本的研究发现财富与创业呈非线性关系。在财富分布的大部分区间内财富对创业的影响较小，只有在极其富有的人群中（财富分布的95分位数后）财富对创业的影响才具有较强的显著性。当排除这部分群体后，初始财富水平对于个体创业的影响并不显著。Hurst 和 Lusardi（2014）对此的解释为：较低的投入门槛和便利的融资环境有助于解释为何在大部分区间内财富对创业的影响较小，而财富水平较高时个人风险偏好的转变和创业的“奢侈品”属性（如自主决策、自由安排时间等）则是在高财富区间出现强正相关性的主要因素。

针对财富与创业非单调关系的讨论，更多的研究是基于动态选择模型判断的，也就是考虑样本选择问题。Buera（2009）在前人研究的基础上发展了动态的创业选择理论模型，并采用美国收入动态跟踪调查（PSID）和消费者消费情况调查（The Consumer Expenditure Survey，CEX）所获得的5000多户美国家庭样本数据进行实证研究发现，财富水平和创业选择呈现非线性的关系，对于财富水平较低的群体而言，财富水平与创业选择呈正相关关系，这是由于财富积累可以缓解个体创业所面临的资本约束；而对于财富水平较高的群体，财富水平与创业选择则呈负相关关系，原因在于这部分群体并不具备创业能力。这一结论与 Hurst 和 Lusardi（2004）的研究结果相反，可能的原因是 Buera（2009）的研究考虑了个体的创业能力，在动态创业选择模型中，家庭财富与创业能力可能是存在负相关的，对于财富水平较高的工薪阶层来说，他们可能并不具备较高的创业能力。

在国内研究中，盖庆恩等（2013）也从动态视角考察了中国农户家庭财富与创业的关系，并基于农村固定观察点的调查数据进行了实证分析，研究发现财富对创业的影响并非简单的单调关系，而是呈现倒 U 形关系。当农户资产处于 0 ~ 98.70 分位数（0 < 资产 < 26.84 万元）时，农户资产越多越倾向于创业，这与静态模型的预测相同；但

当资产处于98.70分位数之后的区间（资产≥26.84万元）时，样本选择偏差的存在使二者呈负相关关系，即资产越多，创业概率就越低，支持了动态模型的理论预测。文章还使用“人情收入”作为资产的工具变量来解决模型中可能存在的内生性问题，发现此结论依然稳健；张龙耀和张海宁（2013）基于CHARLS 2008数据分析金融约束对家庭创业行为的影响及其城乡差异。发现整体上家庭创业受到自有财富水平的影响，其财富水平与家庭创业概率显著正相关。按财富阶层分组回归显示，财富分布处于中等偏下的家庭创业受到金融约束的抑制尤为显著；翁辰和张兵（2015）基于中国家庭金融调查数据，采用工具变量的条件混合过程估计法分析了信贷约束对中国农村家庭创业选择的影响。结果表明，信贷约束对农村家庭创业选择具有显著的负向影响。在进一步考察信贷约束对农村家庭创业的异质性影响时，研究发现，信贷约束显著制约了财富分布位于最低25%、50%~75%以及最高25%的样本家庭的创业选择，并且对财富水平较高的农村家庭创业影响更大。

以上分析从财富与创业、财富与创业的内生性考虑、财富与创业的非单调关系三方面对该部分文献进行了介绍。财富与创业关系研究的既有文献中，如何解决两者之间的内生性问题是研究的焦点和难点，而两者之间非单调关系的讨论是既有研究容易忽视的一个点，因此在对财富与创业关系进行基准研究的基础上，如何解决两者之间的内生性问题以及考虑两者之间的非单调关系是本书的创新点。

2.3 创业与个体效用

个体效用是个体的主观满意度，包含多个维度的信息，本书主要从货币回报和非货币回报两方面讨论创业行为对个体效用的影响。

2.3.1 创业的货币回报

2.3.1.1 创业回报之谜

较多研究对创业的收入回报进行了讨论，考虑到创业活动面临更高的风险性和不确定性，理论分析一般认为相对于工资性工作，创业活动会带来溢价收入，有研究对这一理论推断提供了实证证据（Bernhardt，1994；Berglann et al.，2011）。然而，更多的实证研究发现创业不会提高个体的货币性收入（Borjas and Bronars，1989；Evans and Leighton，1989a；Hamilton，2000；Hyytinen et al.，2013；Astebro and Chen，2014）。上述争议也被称为创业回报之谜。Berglann 等（2001）通过分析挪威雇主和雇员的配对数据，发现创业的货币回报显著为正。但 Hamilton（2000）通过估计和比较中位收入者的收入增长趋势发现，创业者的初始收入和收入增长率均比较低，且在考虑了创业自选择问题后，结论依然成立；Hyytinen 等（2013）则利用芬兰男性同卵双胞胎数据，并采用 OLS、FE 和 FD 模型以克服不可观测异质性对估计结果的影响后，研究发现创业收入回报显著为负。

国内相关研究较少。潘春阳和王紫妍（2016）利用中国综合社会调查（CGSS）混合截面数据，研究了中国居民创业的货币回报，并采用处理效应模型和倾向值匹配法以缓解自选择偏误。研究发现：创业者的年收入高于就业者30%～40%，进一步比较不同收入分位点创业的货币回报发现，创业的货币回报存在“马太效应”，即创业货币回报的边际系数随着收入分位点的提高而变大，越是成功的创业者其货币回报也越高；宁光杰（2012）以农民工为研究对象，运用2008年的农村—城市移民调查数据（RUMIC）探讨了创业者、短期工和长期工之间的收入回报差异。利用Dubin和MaFadden（1984）提出的选择修正模型来控制选择偏差后发现，创业者的小时收入比短期工资获得者（短期工）的小时收入高，但并不比长期工资获得者（长期工）的小时收入高；曹永福等（2013）同样以农民工为研究对象，利用2010年全国流动人口动态监测调查数据考察了自我雇佣对其收入水平的影响，并采用倾向得分分析方法控制实证分析中可能存在的样本选择问题。研究发现自我雇佣虽然存在显著为正的收入回报，但自我雇佣给农民工带来的收入增长幅度较小，我国农民工自我雇佣与真正意义上的自主创业有显著差别，更多的是指他们在城市劳动力市场就业机会受限后的次优选择；王春超和冯大威（2018）研究了中国城镇劳动力市场创业者与工资获得者之间的收入差异。研究发现：创业相对工资性工作存在显著收入溢价，且随着收入分位数水平提高，收入溢价水平也越高。城镇居民和农村—城市移民的创业回报存在明显的差异，前者从创业活动中获得的溢价收入相对更高。本文进一步考虑了不同类型创业活动的回报差异，根据雇员数量将创业划分为“自雇型”创业及“雇主型”创业，研究发现：“雇主型”创业存在显著的收入溢价，而“自雇型”创业对收入不存在显著影响。为了控制潜在的样本选择偏差，本文利用处理效应模型及倾向得分匹配方法对收入决定方程进行估计，并进一步利用中国家庭营养健康调查（CHNS）纵向数据消除个体不可观测因素对估计结果的影响，还发现了研究结论稳健。

与国外研究结论不同，国内有关创业货币回报的少量研究中，虽然在研究对象、数据来源、估计方法等方面存在一定的差异，但研究结论基本保持统一，即创业能够提高个体的货币性回报。

2.3.1.2 创业回报之谜的解释

针对创业活动不能提高个体收入的研究结论，有两种常见的解释：一种是创业者收入的低报（Pissarides and Weber，1989），出于避税的考虑，创业者更有动机也更有能力向税务部门低报收入。因此研究创业收入回报时有必要对创业者的收入数据进行修正，常用的修正方法是利用食品支出数据（Pissarides and Weber，1989；Hurst et al.，2014）。对创业者收入进行修正后，创业者的平均收入会有明显的提升（Engström and Holmlund，2009；Hurst et al.，2014）。但对创业收入回报的研究依然没有一致的结论，Hamilton（2000）发现相对于工资获得者，修正后的创业者收入的中位数水平较低，且增长速度较慢。有研究基于纵向数据比较发现创业和工资性工作之间的收入差异是不断扩大的（Evans and Leighton，1989a；Hamilton，2000），因此收入低报问题应该不是影响实证结果的主要因素。但 Astebro 和 Chen（2014）直接估计创业的收入回报时，发现创业者的年收入比工资获得者平均低 4%，但对收入低报问题进行修正后发现，创业者的收入回报显著为正且数值极高，年收入平均比工资获得者高 42%。

另一种解释是创业者身份的度量指标选取不恰当。既有研究一般依据“从事独立生产经营活动”属性识别创业者身份，比较创业者和工资获得者之间的平均收入差异，没有考虑创业者群体的内部异质性。创业者群体的收入方差往往高于工资获得者，且在极高和极低收入水平上分布的概率也相对高于工资获得者。因此较多研究考虑通过区分创业者群体内部异质性，对创业的收入回报进行更细致的讨论。Levine 和 Rubinstein（2017）根据是否满足有限责任制及独立合法经营主体的条件将创业活动分为“公司型”创业和“非公司型”创业，研究发现“公司型”创业可以显著提高个体收入，而“非公司型”创业则对收入没有显著影响。Sorgner 等（2014）根据雇员数量将创业分为“无雇员”创业和“有雇员”创业，利用德国的调查数据发现有雇员的创业者比工资获得者获得更高的收入，而无雇员、纯粹的自我雇佣者获得的收入则相对较低。

2.3.1.3　创业货币回报的异质性

既有研究不仅对创业者和工资获得者的平均收入水平展开了研究，还对收入的分布特征进行了分析，研究发现相对于工资获得者，创业者收入分布在以下两方面存在较为明显的差异：首先，创业者收入分布的方差较大且明显右偏（Hamilton，2000；Hartog et al.，2010），也就是说创业者群体收入内部差异更大，且在较高收入水平上分布更多。其次，基于动态数据比较发现，创业者随时间变化的收入曲线更为扁平（Hamilton，2000），也就是说创业者起始收入水平较低且随着时间增长较慢。

2.3.1.4　自选择偏差

在估计创业回报时，要考虑自选择偏误，回归方程的设定可能因遗漏变量和双向因果关系而存在内生性问题。一方面，现实中一些不可观测或难以进行度量的因素（如经商能力、认知能力等）不仅会影响到个体收入，还会同时影响到个体的创业选择。如认知能力会影响个人在劳动力市场的表现（Heckman et al.，2006），但认知能力也会通过信息搜集和处理成本、风险态度、风险感知以及识别创业机会四种机制影响个人创业决策（李涛等，2017；Levine and Rubinstein，2017）。在实证方程设定中，难以对上述因素进行全面准确的量化，因此就有可能存在因为遗漏变量导致的内生性问题。另一方面，本书数据为单一年度截面数据，创业者身份的识别是依据个体在接受调查时的就业身份，无法准确判断其创业活动的起始时间。创业收入越低，创业者会选择退出创业活动，选择相对收入更高的就业方式，而创业收入越高，创业者越容易持续从事创业活动，因此在被确定为创业者的受访者更可能是经过“优胜劣汰”的、表现优异的创业者，也就存在由于双向因果关系导致的样本选择问题。

样本选择偏差的存在会造成估计结果的偏误，有研究发现选择性问题是正向的（Bernhardt，1994；Hamilton，2000；曹永福等，2013；宁光杰，2012），即不考虑内生性的估计结果会高估创业对收入的影响；有些研究选择性问题发现是负向的（Evans and Leighton，1989a；Hartog et al.，2010；潘春阳等，2016）；也有研究发现是双峰分布的（Blanchflower，2000），即能力最高的和最低的两个极端群体更容易选择创业。

2.3.2 创业的非货币回报

由于非货币回报的衡量存在较大的局限性，相对于创业货币性回报的丰富研究，有关创业非货币性回报的研究相对较少，少有的研究包括：

Blanchflower 和 Oswald（1998）利用工作满意度和生活满意度作为衡量个体效用水平的代理指标，对英国的研究发现创业者群体相对于工资获得者群体，工作满意度和生活满意度的平均水平更高，并且在控制个体、工作等因素后，这种关系依然是明显存在的；Millán 等（2013）将工作满意度区分为由职业类型带来的和由职业安全感带来的，并利用欧洲 15 个国家 1994 ~ 2001 年家庭调查数据检验发现，相对工资性工作，其创业活动能带来更高的由职业类型带来的工作满意度，但由职业安全感带来的工作满意度水平较低；Hyytinen 等（2013）利用芬兰的数据估计了创业的非货币回报，采用工作是否单调、周工作时间最长有没有超过 40 个小时，能否掌握工作节奏、能否选择工作方式、承担的工作责任是否增加这些取值为 0 和 1 的虚拟变量反映非货币性回报，利用芬兰男性同卵双胞胎数据，并采用 OLS、FE 和 FD 模型以克服不可观测异质性对估计结果的影响。研究发现创业者工作更长的时间需要在工作中承担更多的责任，但工作节奏和工作方式能够更好地支配自己的工作，工作内容也不显得单调。

国内研究中只有潘春阳和王紫妍（2016）利用中国综合社会调查（CGSS）数据考察了创业的非货币性回报。本文从每周工作时间、主观幸福感、自评健康程度、体重健康程度和离婚或分居状况五个方面衡量非货币性回报，并采用处理效应模型和倾向值匹配法以缓解自选择偏误。研究发现：虽然创业者工作时间更长，但也有更高的主观幸福感。

2.3.3　创业决策机制的讨论

对创业的货币回报和非货币回报进行讨论，还直接关系到对创业决策机制进行判断，也就是个体创业的动机是什么？是否是为了追求更高的收入？由于较多实证研究发现创业活动不会带来收入的提高，那么“高收入”特性吸引个体选择创业活动的机制就可能不成立。因此有学者提出了吸引理性个体选择创业活动的其他重要因素，包括“自己当老板”的非货币性效用（Hamilton，2000；Benz and Frey，2008；Blanchflower，2000）以及对自己经商能力的过度自信（Bernardo and Welch，2001；Koellinger et al.，2007）。

这一部分从创业的货币回报、创业的非货币回报以及创业决策机制的讨论三方面介绍了创业对个体效用影响的相关文献。在定量分析中，通过对既有研究现状的归纳和讨论总结出本书的研究思路和创新点。

2.4 本章小结

在这一章中，本书从创业影响因素、财富对创业行为的影响以及创业行为对个体效用的影响三方面对国内外相关文献进行梳理和评述。第一部分对创业影响因素的讨论从个体（微观）、家庭（中观）和外部环境（宏观）三个层面展开，从理论和实证两方面重点介绍了关键因素与创业行为的关系，以上讨论不仅有助于加深对“什么样的个体更容易选择创业”及“什么样的环境更容易培养创业者”这两个问题的认识，也为本书对财富与创业关系的定量分析中控制变量的选择提供了参考。第二部分对财富与创业的关系进行了详细介绍，在影响创业的不同维度因素中，财富一直是关注的焦点和难点，如何缓解财富存在的内生性问题是相关研究努力的方向，从选取较为外生的财富衡量指标、引入合适的工具变量以及寻求能够对财富造成冲击的“准自然实验”。通过对以上问题的梳理，在本书的实验检验部分，也从这三方面对财富与创业行为的关系进行了细致的检验。此外，财富与创业行为的非单调关系是既有研究容易忽略的一个点，本书在研究中也进行了考虑。第三部分创业对个体效用的影响进行了梳理。从创业的货币回报、非货币回报及创业决策机制三方面展开，在对该问题进行研究时，样本选择问题需要重点考虑，既有研究多采用倾向得分匹配、计算选择偏差系数纠正以及应用面板固定效应模型等方法解决该问题，这为本书实证分析的进行及拓展提供了思路。总之，上述文献的介绍一方面厘清了相关研究的现状及问题，另一方面可以在这个基础上提炼出本书可能的创新点。

第3章　我国创业及家庭财富现状分析

3.1　创业现状描述

中国政府近年来十分注重创业，并做出了“大众创业、万众创新”的战略部署。我国创业活动呈现出逐年活跃的趋势。但在既有文献中，少有研究对我国创业活动的发展趋势和区域分布进行过详细描述，这主要受限于数据的可得性。对国家或地区创业活动水平的衡量存在较大难度，尤其是在国内。国外研究多用新成立公司数量（Armington and Acs，2002；Ghani et al.，2014a），而国内研究多用自我雇佣比率（李宏斌等，2009；田毕飞和陈紫若，2016），且均采用省级数据。在宏观层面分析中，李宏斌等（2009）首次对我国区域创业率进行了衡量，采用自我雇佣率，即私营和个体就业人员数占总就业人员数的比重作为创业率的衡量指标，这一指标也成为国内创业研究中计算地区创业率的常用指标。在微观层面分析中，既具有一定的时间跨度又能够识别创业者的数据比较稀缺，解垩（2012）基于中国健康与营养的调查（CHNS）数据发现，1989～2009年，中国非农自雇率年均增长率超 10%。因此，在对我国创业现状进行描述时，本书也从宏观和微观两个层面进行介绍。

3.1.1　宏观层面创业现状描述

从我国创业活动水平发展趋势来看。以自我雇佣率作为创业率衡量指标，图 3－1 给出了 1992～2015 年我国创业率发展趋势，可以发现我国整体创业率由 1992 年的 4.08% 增加至 2015 年的 36.25%，其中民企创业率由 0.35% 增长至 21.17%，个体创业率由 3.73% 增长至 15.08%。创业率水平的明显提高与改革开放以来我国市场经济的不断完善有直接联系。图 3－2 用另外一个衡量国内创业率的常用指标——每万人中小企业数量对我国创业趋势进行了描述，同样发现，我国创业水平经历了快速增长的阶段，由 1993 年的 132.10 个/万人，增加到 2015 年的 532.23 个/万人，其中民企创业由 1.19 个/万人增长到 138.82 个/万人，个体创业由 130.91 个/万人增长到 393.41 个/万人。虽然个体户的数量依旧远远高于私营企业数量，但由于私营企业在创造就业机会方面具有更大的贡献，因此私营企业吸收的就业人员是要高于个体户的。图 3－3 和图 3－4 给出了城乡创业率的发展趋势，1992～2015 年，城镇创业率由 4.69% 增长至 46.97%，农村创业率由 3.85% 增长到 24.56%。城镇地区创业率经历了更为快速的增长。

从我国创业活动水平区域比较来看。图 3－5 和图 3－6 分别给出了 1992 年和 2015 年我国创业率的区域比较，在 1992 年创业率居前三的省份为：浙江、广东和山东，而在 2015 年则为：北京、上海和浙江。1992 年在我国整体创业率比较低的情况下，各省份之间不存在较为明显的差异，但在 2015 年我国整体创业率比较高的情况下，各省份之间呈现出较为明显的区域差异。

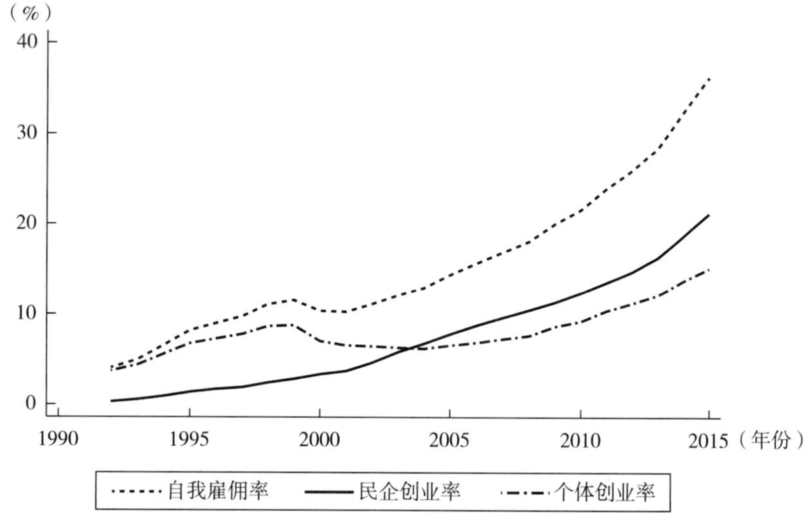

图 3－1　1992～2015 年我国创业活动发展趋势

资料来源：《中国统计年鉴》（1993～2016 年）。

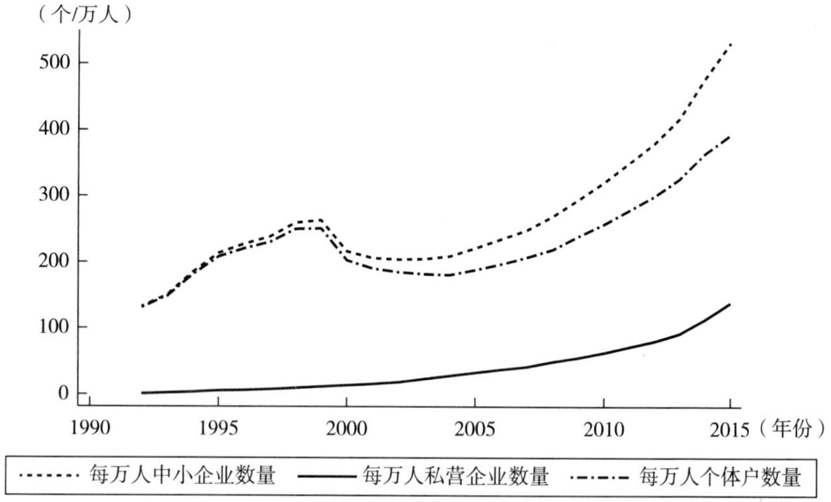

图 3－2　1992～2015 年我国创业活动发展趋势

资料来源：《中国统计年鉴》（1993～2016 年）。

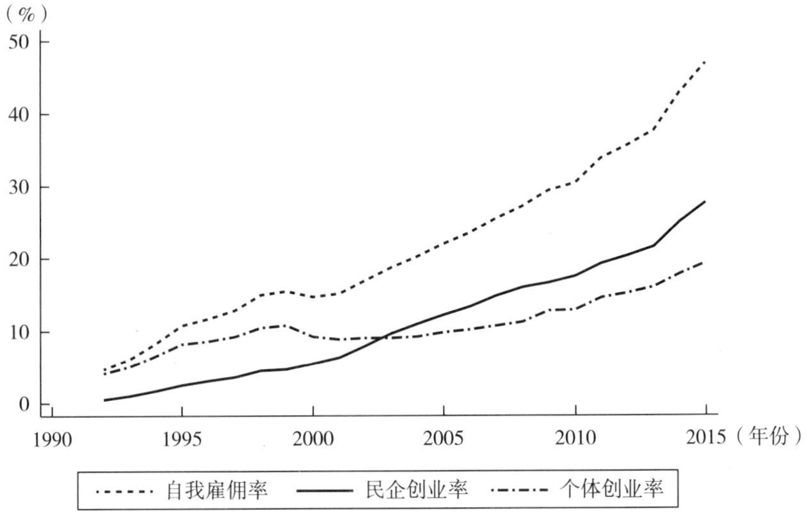

图3-3 1992~2015年我国城镇地区创业活动发展趋势

资料来源:《中国统计年鉴》(1993~2016年)。

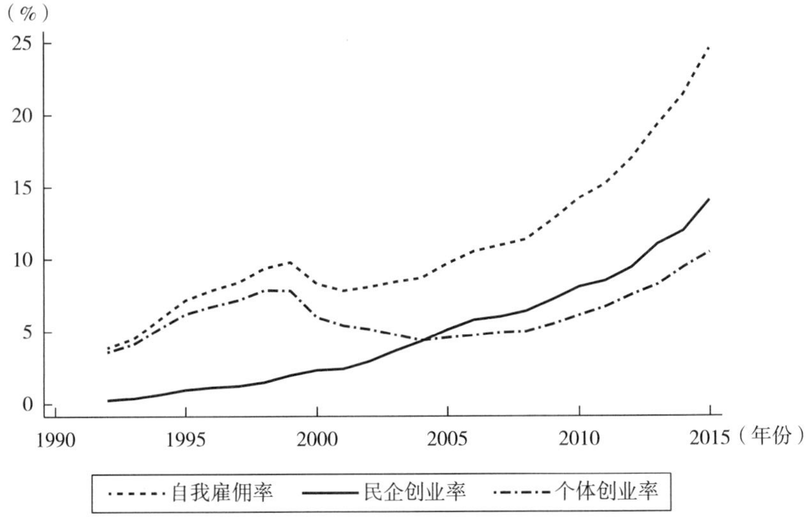

图3-4 1992~2015年我国农村地区创业活动发展趋势

资料来源:《中国统计年鉴》(1993~2016年)。

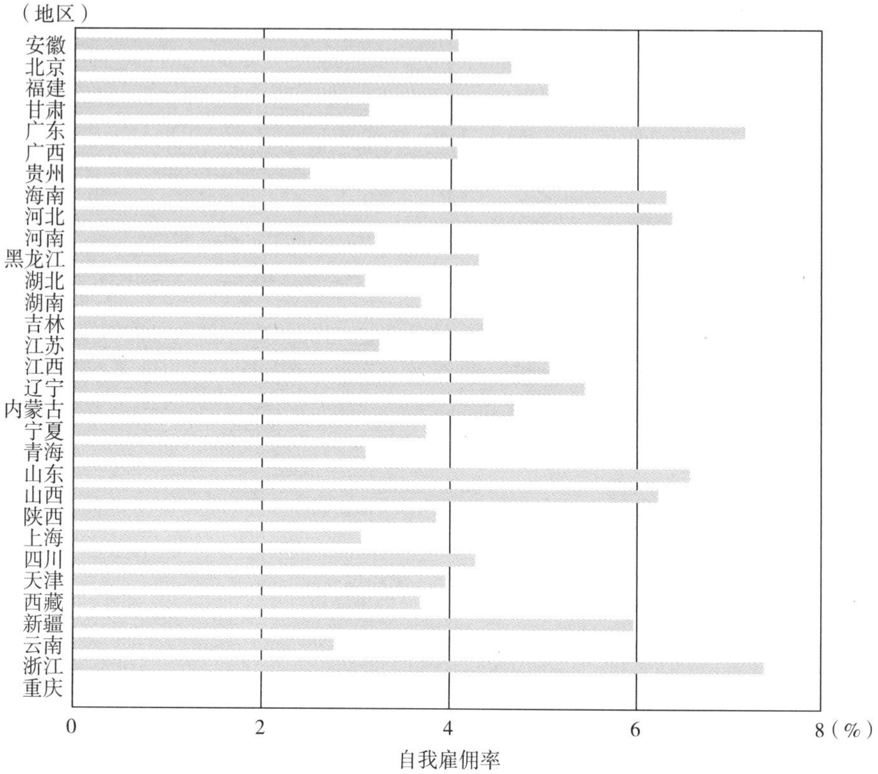

图 3－5　1992 年我国创业活动区域比较

资料来源：《中国统计年鉴》(1993 年)。

3.1.2　微观层面创业现状描述

从我国创业活动水平发展趋势来看。基于 CHNS 数据，本书计算了我国创业率的发展趋势，1989～2009 年，我国非农创业率由 7.36% 增长至 2009 年的 26.04%。其中“自雇型”创业率由 5.90% 增长至 18.82%，“雇主型”创业率由 1.46% 增长至 7.22%。我国创业率整体上经历了较为快速的增长过程，但“自雇型”创业在我国居民创业结构中依然占据着比较高的比重（见图 3－7、表 3－1）。

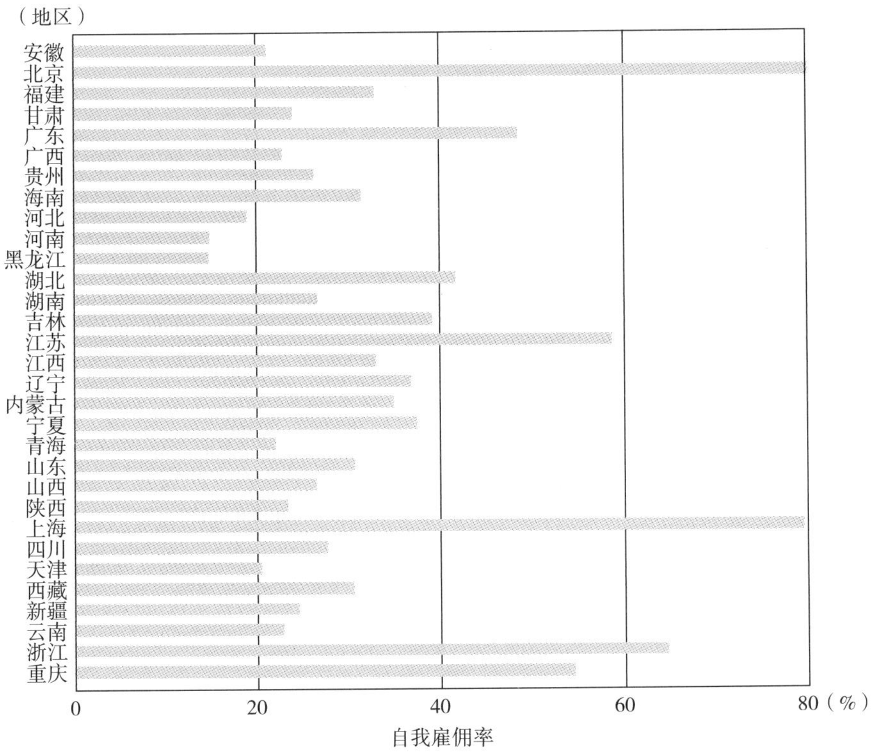

图 3－6　2015 年我国创业活动区域比较

资料来源：《中国统计年鉴》（2016 年）。

从我国创业活动水平区域比较来看。图 3－8 和图 3－9 也分别给出了 1989 年和 2009 年创业率的区域比较，与用宏观数据分析的结论不同，用微观数据分析时，我国创业率的区域差异反而缩小了。

利用宏观数据和微观数据分别对我国创业现状进行描述时，得出的结论是存在差异的。主要是因为两类数据中对创业的定义不同。国内文献少有研究利用宏观数据对我国创业现状进行描述，而利用微观数据的相关研究中，数据来源的不同也造成对我国创业现状的描述存在不一致的结论。

表 3 – 1　我国创业率发展趋势

年份	创业率	“自雇型”创业率	“雇主型”创业率
1989	7. 36	5. 90	1. 46
1991	14. 09	12. 02	2. 07
1993	15. 50	12. 19	3. 31
1997	21. 24	17. 49	3. 76
2000	21. 83	16. 77	5. 07
2004	25. 34	18. 64	6. 70
2006	27. 21	20. 21	7. 01
2009	26. 04	18. 82	7. 22

资料来源：CHNS 数据。

图 3 – 7　我国创业率发展趋势

资料来源：CHNS（1989 ~ 2009 年）。

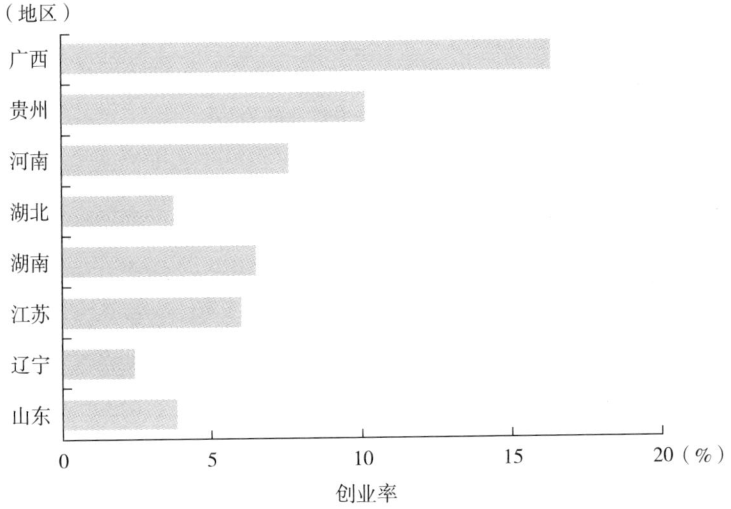

图3－8 1989年我国创业率区域比较

资料来源：CHNS 1989。

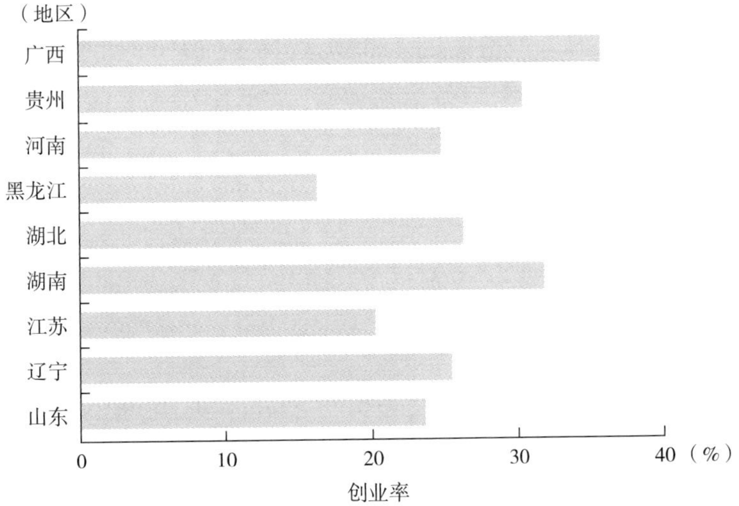

图3－9 2009年创业率区域比较

资料来源：CHNS 2009。

3.2 家庭财富现状

家庭财富由金融资产、房产净值、动产与耐用消费品、生产经营性资产、非住房负债以及土地六大部分组成。改革开放以来，我国经济经历了持续高速增长过程。在国家快速繁荣的大背景下，我国居民的收入和财富也正经历着一个高速增长和积累的过程。家庭人均财富的增长一方面是由于收入的积累，另一方面是由于财产价值的提高。

2016 年全国居民人均可支配收入为 23821 元，其中，全国城镇居民人均可支配收入从 1978 年的 343 元增加到 2016 年的 33616 元，农村人均可支配收入从 1978 年的 134 元增加到 2016 年的 12363 元，居民可支配收入的增长积累了家庭财富。《中国家庭财富报告》显示，自 2000 年起，中国的家庭财富每年增长 12.5%，相当于过去 17 年增长了 6 倍。2016 年我国家庭人均财富为 169077 元，较 2015 年大幅增长 17.25%，其中城镇家庭和农村家庭的人均财富分别为 240023 元和 76761 元，增长幅度分别为 15.22% 和 18.49%。家庭财富也存在地区差异性，东部地区家庭人均财富水平最高，中部地区次之，西部地区最低。从数值上看，东部地区家庭人均财富为 242604 元，中部、西部地区分别为 119768 元和 92304 元，东部地区家庭人均财富分别是中部、西部地区的 2.03 倍和 2.63 倍。

3.3 本章小结

以上分析对我国创业现状和家庭财富现状进行了描述。对于创业现状，从发展趋势来看，我国创业活动水平逐步提高，且创业氛围越来越活跃。从创业结构来看，“自雇型”创业仍然是个体创业的主要形式。“自雇型”创业和“雇主型”创业在表现形式以及对个体效用及经济发展的影响方面是存在明显差异的。从事“雇主型”创业的个体，一般在劳动力市场上享有足够就业机会，他们从事创业的动机更多是主动追求更高的收入，其经营规模较大，“准入门槛”也比较高，从事的创业活动多为私营企业。而从事“自雇型”创业的个体，他们往往是就业市场的弱势群体，“自雇型”创业往往是这部分个人缺乏正规就业机会的被动选择，从事创业的动机更多的是实现就业。因此，政府在提高创业活动水平的同时，也要优化创业结构，实现“自雇型”创业向“雇主型”创业的转变。从创业区域分布来看，其宏观数据和微观数据研究发现不一致，宏观数据显示地区间创业活动水平呈现不断拉大的趋势，但微观数据研究结论相反。通过现状描述，能够加深对我国创业问题的理解，也为定量分析创业者的定义及分组提供了依据。对于家庭财富现状，我国居民的收入和财富也正经历着一个高速增长和积累的过程。结合国内对财富与创业关系研究相对比较稀缺以及我国家庭财富积累经历了高速增长的背景，本书从家庭财富的视角研究我国城镇居民的创业问题。

第4章　创业选择模型

家庭财富对创业行为的影响是本书关注的焦点，为了对两者之间的关系进行理论上的判断，本书建立一个个体层面的创业选择模型，将财富与个体创业选择行为纳入同一个理论分析框架，并通过模型的推导提出有关两者之间关系的研究假说。

4.1　基准创业选择模型

一般认为，创业是个体面临多种就业类型时理性选择的结果。假设个体只能同时从事一种职业，理性个体通过相对效用的比较选择能够带来最高效用水平的就业方式。通过对已有应用创业选择模型分析创业选择行为的文献进行梳理，创业选择模型构建的思路基本包括如下几步：

第一步，确定部门分类，一般分为创业和非创业（工资性工作）。

第二步，分别构建两类职业的收入（效用）函数。

第三步，结合收入（效用）函数及预算约束条件，确定两类职业面临的最优化问题。

第四步，依据最优化条件，计算两类职业的最优收入（效用）。

第五步，依据两类职业的相对收入（效用）确定是否选择创业的临界点。

参考上述思路，本书构建了创业选择模型。为简化起见，模型中将就业类型划分为两类：工资性工作和创业活动，不考虑其他类型的就业形式，如失业或退出劳动力市场。同时假定个体是基于相对收入做出创业决策，而非相对效用。

4.1.1 收入函数确定

Evansand Jovanovic（1989b）最早提出了流动性约束下的创业选择模型，认为创业家的创业决策是在已知自己企业家能力的基础上，根据外生的财富和信贷条件来决定自己是否创业。参考 Evans 和 Jovanovic（1989b）以及 Nguimkeu（2014）对创业选择模型的设定，本书将工资性工作和创业活动的收入函数分别设定如下：

假设期初劳动者就业状态均为工资获得者，家庭初始财富拥有量为 z，如果劳动者继续保持工资性工作状态，能够获得的工资收入为劳动力市场外生给定的 u，那么期末劳动者的总收入为：

$$\pi^{w} = u + rz$$

其中，r 为 1 加上市场利率，市场利率是由资本市场外生给定的，工资获得者总收入包括两部分，工资性收入 u 为流量收入，家庭财富现值 rz 为存量收入。

在对工资性工作收入进行设定时，本书为了简化起见，将其设定为外生的参数 u，当然在既有的相关研究时，有研究对工资性工作收入的设定存在差异，其可能取决于人力资本、劳动投入等方面因素，但上述因素一般均假定为外生变量，在理论模型的推导中，会导致推导过程更为复杂，但不影响其理论推论。如 Evans 和 Jovanovic（1989b）设定工资性工作收入函数取决于个体以前从事工资性工作的经历及受教育水平，但两者均为外生的，在本书分析中，本书直接将收入设定为常数。

创业活动生产函数取决于两种投入要素，企业家能力和资本投入：

$$y = \theta k^{\alpha}$$

其中：θ 为企业家能力；k 为投入资本；α 为资本产出弹性，且 $0<\alpha<1$。

在创业活动生产函数设定形式下，企业家能力越强，资本的平均产出及边际产出均较高。

期末创业者的总收入为：

$$\theta k^{\alpha} + r(z-k)$$

如果 $z>k$，代表创业活动的资本投入完全来自自有财富 z，如果 $z<k$，代表创业活动资本投入中，除了自有财富 z，还包括借贷资本 $k-z$，r（$k-z$）为其期末偿还的外部借款及利息。

由于道德风险的存在，资本市场存在不完全性，个体在资本市场面临着信贷约束，即个体在信贷市场获取外部资本的数量不是没有限制的，实际获得量可能小于其期望获得量。从抵押贷款的角度出发，假设个体要想在资本市场获取贷款，需要拿初始财富去做抵押，初始财富越多，可获得的贷款量也越大，在资本市场上能够获得的最大贷款额不超过其拥有初始财富的固定倍数 $\lambda-1$，$\lambda\geqslant 1$（Evans and Jovanovic，1989b），所以个体在创业活动中可以利用的，包括自有的和借贷的最大资本量为 λz。

给定收入函数和预算约束，那么个体如果选择创业，其面临的最优化问题如下所示：

$$\max\{\theta k^{\alpha}+r(z-k)\}$$

$$\text{s. t. } 0\leqslant k\leqslant \lambda z$$

利用拉格朗日乘数法求解，在内解存在的情况下，其值为：$k^{*}=\left(\frac{\theta\alpha}{r}\right)^{1/(1-\alpha)}$。

若 $k^{*}\leqslant\lambda z$，则创业者不受资本约束，利用自有财富和外部资本，创业者可以实现最优资本投入，代入 k^{*} 求得：

$$\left(\frac{\theta\alpha}{r}\right)^{1/(1-\alpha)}\leqslant\lambda z$$

在给定个体企业家能力 θ 的情况下，初始资本需满足：$z\geqslant\frac{1}{\lambda}\left(\frac{\theta\alpha}{r}\right)^{1/(1-\alpha)}=\bar{z}(\theta)$。

同样，在给定个体初始资本 z 的情况下，企业家能力 θ 需满足：$\theta\leqslant\frac{r}{\alpha}(\lambda z)^{1-\alpha}=\bar{\theta}(z)$。

这也就意味着，在给定一定的企业家能力的情况下，初始财富越多，越不可能面临资本约束。同样，给定一定的初始财富，个体只有在其企业家能力足够低的情况下才有可能不面临资本约束，这样企业家能力较高的个体更有可能面临资本约束。

若 $k^{*}\leqslant\lambda z$，则创业者不面临资本约束，创业者可以实现最优资本投入为 k^{*}。此时创业者的最优收入为：

$$\pi^{e}=(1-\alpha)\theta^{1/(1-\alpha)}\left(\frac{\alpha}{r}\right)^{\alpha/(1-\alpha)}$$

若 $k^{*}>\lambda z$，则创业者面临资本约束，由于总收入函数在资本处于 $[0, k^{*}]$ 的取值范围内是单调递增的，因此受资本约束创业者会选择投入全部的可利用资本 λz，此时创业者的最优收入为：

$$\pi^{e}=\theta\ (\lambda z)^{\alpha}-\lambda rz$$

结合不受资本约束和受资本约束两种情况下的最优收入函数，创业者的分段收入函数如下：

$$\pi^{e}=\begin{cases}(1-\alpha)\theta^{1/(1-\alpha)}\left(\dfrac{\alpha}{r}\right)^{\alpha/(1-\alpha)}+rz\text{，不受资本约束条件下}\\ \theta(\lambda z)^{\alpha}-\lambda rz\text{，受资本约束条件下}\end{cases}$$

4.1.2 创业选择过程

以上分析给出了选择继续保持工资性工作状态和选择进入创业活动两种状态下个体的最优收入。在只能同时从事一种职业的情况下，理性个体通过比较创业活动和工资性工作的相对收入来决定是否选择离开或保持工资性工作状态，如果从事创业活动期末所获得的总收入高于从事工资性工作，个体将会选择进入创业活动，反之则继续保留工资性工作状态。创业者和工资获得者的相对收入函数π（z，θ）为创业活动净收入减去工资性工作收入：

$$\pi(z,\ \theta)=\begin{cases}(1-\alpha)\theta^{1/(1-\alpha)}\left(\dfrac{\alpha}{r}\right)^{\alpha/(1-\alpha)}-u\text{，不受资本约束条件下}\\ \theta(\lambda z)^{\alpha}-\lambda rz-\mu\text{，受资本约束条件下}\end{cases}$$

对于不受资本约束的个体，令π（z，θ）=0，求得：

$$\theta^{*}=\left(\frac{\mu}{1-\alpha}\right)^{1-\alpha}\left(\frac{r}{\alpha}\right)^{\alpha}$$

θ^{*}为临界值，对于不受资本约束的劳动者来说，若 $\theta>\theta^{*}$，则选择创业活动；若 $\theta=\theta^{*}$，个体在两类工作之间无偏好差异；若 $\theta<\theta^{*}$，则选择工资性工作。对于不受资本约束的个体，是否选择创业完全取

决于企业家能力，家庭财富再多也不能影响其创业决策。如果期初不选择创业，则其企业家能力临界值应该是低于 θ^* 的，因此家庭财富再增加，对其创业选择也不会有任何影响。

对于受资本约束的个体，令 $\pi(z, \theta)=0$，同样可以求得是否选择创业活动的临界值：

$$z^* = \hat{z}(\theta)$$

对于受资本约束的个体，如果 $z>\hat{z}$，个体基于相对收入优势会选择进入创业活动，如果 $z=\hat{z}$，在创业活动和工资性工作之间无偏好差异，$z<\hat{z}$，则选择继续保留工资性工作状态。

4.1.3 创业选择模型的推论

通过上述创业选择模型，本书将财富与创业行为联系了起来。结合上述讨论，给定个体拥有初始财富 z 和企业家能力 θ，对创业选择模型有如下推论：

（1）若 $z>\bar{z}(\theta)$，$\theta<\theta^*$，则选择继续保留工资性工作状态。

（2）若 $z>\bar{z}(\theta)$，$\theta>\theta^*$，则选择进入不受资本约束的创业活动。

（3）若 $\hat{z}(\theta)<z<\bar{z}(\theta)$，则选择进入受资本约束的创业活动。

通过图4-1，可以对上述两个推论有更具体的理解。图4-1为具有不同初始财富和企业家能力的个体所面临的就业选择区域，个体的就业选择区域分为三部分，分别为工资性工作区域、不受资本约束创业区域以及受资本约束创业区域。

为简化起见，本书对上述创业选择模型的推论通过文字进行了表述。基于上述静态创业选择模型的分析，本书可以对家庭财富与创业选择的关系进行理论上的判断，对于不受资本约束的个体，创业活动最优收入不受初始财富的影响，因此初始财富也不会影响不受资本约束个体的创业概率；但对于受资本约束的个体，创业最优收入与初始财富是正相关的，因此初始财富越高，其创业概率也相对越高。是否受信贷约束取决于家庭财富和企业家能力是否匹配，在定量分析中，很难区分个体是否受资本约束，但家庭财富越多，受信贷约束的概率越低。因此，从综合考虑来看，家庭财富越多，创业概率越高。

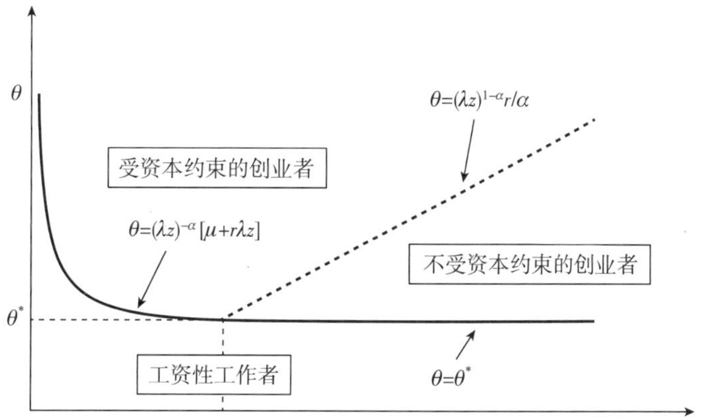

图 4－1　创业选择模型中个体的创业选择

基于以上理论分析，本书对财富与创业的关系提出如下研究假说：

假说 1：财富越多，个体选择创业的概率越高。

上述创业选择模型的推论给我们提供了家庭财富与创业关系的理论判断，但上述模型存在一定的局限性，限制了其在定性及定量分析中的应用，具体表现在：首先，基准创业选择模型为静态模型，存在样本选择偏差，该模型只考虑单一时期的创业行为，将财富设定为外生变量，财富不仅会影响到创业行为，创业行为反过来也会通过收入、消费和储蓄影响财富的积累；其次，个体基于“相对收入”做出创业选择，在现实中，是否做出创业选择不仅要考虑收入，还要考虑收入不确定性、工作灵活性和独立性等一系列非货币性效用；最后，为简化起见，上述模型将就业市场分为两部门，即创业和工资性工作。针对创业选择模型存在的一系列问题，本书对其可能的扩展模型进行了一系列介绍。

4.2　动态创业选择模型

上述创业选择模型为静态模型，只考虑单一时期的创业决策，即一般将期初为工资获得者，然后在单一时期内转为创业者的行为定义为创业。但期初的工资获得者事实上是个体上期选择的结果，样本并不随机，因此 Buera（2009）在前人研究的基础上发展了动态的创业选择理论模型，并采用美国收入动态跟踪调查（PSID）和消费者消费情况调查（The Consumer Expenditure Survey，CEX）所获得的5000多户美国家庭样本数据进行实证研究发现，财富水平和创业选择呈非线性关系，相对于财富水平较低的群体而言，财富水平与创业选择呈正相关关系，这是由于财富积累可以缓解个体创业所面临的金融约束；而对于财富水平较高的群体，财富水平与创业选择则呈负相关关系，原因在于这部分群体并不具备创业能力。在国内研究中，盖庆恩等（2013）从动态视角重新研究了财富与创业之间的关系，主要强调代表性个人的就业决策会影响下期的财富分布，这将导致样本选择性偏差，最终使财富与创业之间呈现非线性关系。Buera（2009）和盖庆恩等（2013）等对动态创业选择模型的讨论。

此外，吴晓瑜等（2014）从房价，周京奎和黄征学（2014）从住房改革的角度研究中国居民创业选择行为时，也构建了动态创业选择模型，分别将房价和住房改革融入模型中，基于严谨推导提出研究假说。与 Buera（2009）不同的是，他们只建立了两期动态模型，而 Buera（2009）则是连续时间的创业选择模型。但共同点是均假设财富是内生的，不再是外生不变的，每一期个体都在创业与不创业之间进行选择，获得相应的收入，也进行着消费和储蓄的分配，进而影响着下一期的财富数量和创业行为。以上模型均假设个体是基于“相对效用”做出创业决策，但没有设定效用函数的具体形式，只是假设效用函数是收入的严格凹函数，基于模型推导得出的研究假说也基于众多假设条件。

本书并没有对动态创业选择模型的具体形式进行讨论，因为该模型的设定需要考虑连续时间的创业选择问题，还需要引入消费和储蓄行为，也需要对财富和企业家能力的分布做出一系列的假定。因此在既有讨论动态创业选择模型的文献中，均没有对该模型的具体设定进行讨论。

基于动态创业选择模型的理论分析，本书提出了如下研究假说：

假说 2：财富与创业存在倒 U 形关系，财富水平存在一个临界点，在到达临界点之前，个体的创业概率会随着财富的增加而增加，临界点之后，两者之间呈负相关关系。

4.3　创业选择模型的其他拓展

4.3.1　基于“相对效用”的拓展创业选择模型

上述基准创业选择模型建立在“高收入特性”创业选择机制下，理性个体基于不同职业相对收入的比较选择创业与否。但上述模型假设条件存在不足之处：一方面，现实中相对于工资性工作，创业活动面临更大的风险和不确定性，内部收入差异相对于工资性工作更大（Hamilton，2000；Astebro and Chen，2014），创业活动的高收入特性可能被其风险贴水所抵消；另一方面，相对工资性工作，“自己当老板”的非货币性福利也不容忽视。创业活动具有更好的工作独立性和劳动自由度、更能充分发挥自己的技能和追求自己的想法以及更可靠的工作保障（Hundley，2001；Benz and Frey，2008）。在有关创业选择与收入的实证研究中，虽然更多的实证研究发现创业活动不会提高个体的货币性收入（Hartog et al.，2010；Hyytinen et al.，2013；Astebro and Chen，2014），但对工作满意度和生活满意度却有明显的正向影响（Binder and Coad，2013；Millán et al.，2013）。基于以上两点考虑，“高收入特性”就无法完全解释个体创业选择行为，收入不确定性和非货币性福利在个体做出创业选择时也是重点考虑的因素。

综合以上分析，在分析个体创业行为时，有的研究在上述基本理论分析框架的基础上进行了拓展，如建立能够同时考虑收入水平、收入不确定性和非货币性福利的效用函数（Torrini，2005；Bianchi and Bobba，2013），用相对人力资本代替相对收入识别个体创业选择行为（Jacobs，2008）等。

4.3.2 三部门创业选择模型

在上述模型中，将就业类型细分为两类：创业和工资性工作。这一假设在分析现实问题时存在较多的局限性。有研究在应用理论模型解释个体创业选择行为时进行了拓展，最常见的是在原有基础上进一步对创业活动进行细分，构造三部门的创业选择模型，如 Salas - Fumás 等（2014）则将就业群体细分为工资获得者、有雇员自我雇佣者和无雇员自我雇佣者。三部门创业选择模型在解释个体创业选择行为时更符合现实情况。

4.4 本章小结

围绕财富与创业关系的研究主题，本书对两者之间的关系进行了理论分析。首先构建了一个个体层面的创业选择模型，将财富与创业行为纳入同一个分析框架，并基于模型严谨推导提出研究假说 1：财富越多，个体选择创业的概率就越高。针对基准创业选择模型存在的种种缺陷，本书从不同方面提出了模型可能的拓展。如进一步将创业选择模型纳入动态分析框架，考虑样本选择问题后提出研究假说 2：财富与创业存在倒 U 形关系，财富水平存在一个临界点，在到达临界点之前，个体的创业概率会随着财富的增加而增加，临界点之后，两者之间呈负相关关系。此外，基于基准模型在“高收入特性”创业决策机制和两部门设定方面存在的局限，本书从考虑非货币性效用和“多部门”的角度提出了基准模型可能进行的拓展。自 Evans 和 Jovanovic（1989b）最早提出创业选择模型，越来越多的文献在分析创业决策行为问题时将其应用至研究中，尤其应用在有关财富与创业关系的研究中。但创业选择模型的设定需要综合考虑诸多因素，因此目前对模型比较有实质性的拓展研究较为稀缺。

第 5 章　家庭财富对城镇居民创业行为的实证分析

在上一章理论分析部分，本书对家庭财富与个体创业行为之间的关系进行了理论上的判断。其中基准创业选择模型对财富与创业之间的线性关系进行了预测，发现对于不受资本约束的个体，家庭财富不会影响其创业行为，但对于受资本约束的个体，家庭财富对其创业行为存在显著正向影响，是否受资本约束取决于财富与创业能力的匹配情况。所以从整体来看，家庭财富是能够提高个体创业概率的。而在考虑了样本选择问题的动态模型后，财富与创业之间也可能存在非线性关系，财富存在一个临界点，在到达临界点之前，两者之间是正相关的，但在临界点之后，两者之间又可能是负相关的。在这一章中，本书对理论模型提出的研究假说进行实证检验。

5.1　家庭财富与创业行为

——基于 CHIP 数据的基准估计

5.1.1　数据

实证分析部分，所用数据为 2008 年中国家庭收入项目调查数据（CHIP 2008），该数据来自澳大利亚国立大学、昆士兰大学和北京师范大学联合进行的调查项目，该调查包含三个子样本：城镇住户样本、农村住户样本及农民工样本。本书重点考察城镇居民的创业行为，因此将研究样本限制为城镇住户调查中的受访者。① 城镇样本来自国家统计局每年的常规住户调查大样本库，子样本的选取严格按照随机原则并从大样本中选取，保证对大样本中所涉及省份的覆盖，2008 年初的调查涉及 5000 个家庭及 14948 个个体。国家统计局每年的常规住户调查方法可以参考相应年份的住户调查方案。城镇调查在 18 个城市展开，包括 8 个东部城市（上海、南京、无锡、杭州、宁波、广州、深圳、东莞）、6 个中部城市（合肥、蚌埠、郑州、洛阳、安阳、武汉）、

① CHIP 数据中，城镇住户、农村住户及农民工住户数据是分开的，因此可以获得较为干净且样本规模较大的城镇居民样本。既有研究中，从微观数据全样本中识别出城镇居民样本是存在一定误差的，一般是根据调查地是否为城镇进行识别，但该方法无法将城镇样本及移民样本区分开。也有研究进一步根据调查地是否为城镇以及户主是否为城镇户口两个标准确定城镇居民，这种识别方法是无法排除城市—城市移民的。CHIP 2008 数据调查时间是在 2009 年初，询问了 2008 年的基本信息，因此本书的估计结果可能会受 2008 年全球金融危机的干扰，金融危机会同时影响劳动者就业状态及家庭资产。

4 个西部城市（重庆、成都、绵阳、乐山）。从抽样方法看，该数据具有全国代表性。该调查收集了受访者在 2008 年的个体人口统计特征、就业特征、社会关系、家庭背景等详细信息，使我们能够在控制其他必要因素的前提下识别家庭财富对个体创业行为的影响。

本书控制年龄为 16 ~60 岁的劳动年龄人口，并进一步将研究样本限制为主要工作类型为创业者和工资获得者的群体，排除失业、退出劳动力市场的群体、无酬的家庭帮工以及无法识别就业信息的样本[①]，最后保留变量信息完整的有效样本量为 3793 个。

5.1.2 模型设定

本章研究的内容是财富对个体创业选择行为的影响，被解释变量为个体的就业身份是否为创业者，该变量是一个取值为 0 和 1 的二元类别变量，因此本书根据以下个体层面的二元 Probit 创业选择模型，估计家庭财富对个体创业选择行为的影响：

$$\text{Entrepreneur}(1,0)_{ij} = g(\alpha + \lambda Wealth_j + X_{ij}\beta + \varepsilon_{ij}) \quad (5-1)$$[②]

Entrepreneur（1，0）为是否是创业者的虚拟变量，下标 i 和 j 分别表示家庭 j 中的个体 i，若受访者当前的就业身份是创业者，则被解释变量等于 1，若为工资获得者，则取值为 0。在 CHIP 调查问卷中，

① 在创业选择模型中，为简化起见，将劳动者所面临的就业状态分为两类：创业者和工资获得者。因此在实证分析中，考虑到理论与实证之间的对应关系，本书也只保留就业状态为创业者和工资获得者的个体。在研究创业选择问题时，也有研究将二元被解释变量划分为创业者和非创业者，非创业者除了包含工资获得者，还可能包括无酬的家庭帮工、失业群体等。在 CHIP 2008 数据有工作的样本中，就业状态为创业者或工资获得者的个体占比超过 97%，因此本书的处理并不存在严重的样本选择问题。谨慎考虑起见，作者在对被解释变量——是否是创业者进行界定时，也考虑将被解释变量定义为创业者和非创业者，研究结论依旧稳健。

② Probit 模型为非线性估计，因此本书将估计方程设定为非线性函数的形式。下文在估计创业选择问题时，采用同样的设定方式。

受访者的主要工作分为以下几类：固定工、长期合同工（1 年及以上）、短期合同工（1 年以下）、无合同的临时工、不领工资的家庭帮工、自我经营、打零工、其他工作形式。本书基于创业者定义中“从事独立生产经营活动”的特性[①]，将自我经营者定义为创业者；将长期工（包括固定工和长期合同工）、短期工（包括短期合同工及无合同的临时工）和打零工的样本归为工资获得者。问卷中，针对从事自我经营的群体，进一步询问了“您的这份经营活动雇用了多少家庭以外的成员”。本书从是否有家庭以外雇员的角度进一步对创业者进行了分类，将自我经营活动中家庭以外雇员数量为 0 的定义为“自雇型”创业者，大于等于 1 的定义为“雇主型”创业者。“自雇型”创业者从事的创业活动多为个体户，“雇主型”创业者从事的创业活动多为私营企业，两类活动在经营规模方面存在明显差异，对创业者能力和投入资本的要求也存在明显差异，当然对经济社会发展的影响及对个体效用的影响也存在较大的差异。

创业者的识别是定量分析的关键。法国经济学家 Cantilon（1755）首先引入了创业者的概念，将“按照固定价格购买和按照不确定价格出售”的风险承担者称为创业者。此后，来自经济学、管理学、社会学、心理学等不同学科领域的学者从不同研究角度对创业者的概念进行了研究。学界对创业者的定义没有一致结论，但在定量分析中，普遍基于“从事独立生产经营活动”的属性，采用自我雇佣指标识别个体是否是创业者（Evans and Leighton，1989a；Blanchflower and Oswald，1998）。在国内外的人口调查数据中，对个体就业身份的调查普

---

① 创业者是没有统一定义的，但在有关创业问题的定量分析中，一般都是基于“从事独立生产经营活动”的特性对创业者进行识别。据此定义，创业者属于自雇群体，自己为自己工作，与其相对的是受雇者群体，也就是为他人工作。

遍包括自我雇佣选项。本书在定量分析中同样采用自我雇佣指标识别个体是否是创业者。在国内对创业问题的既有研究中，尽管数据来源不同，但几乎均将自我经营者定义为创业者：如利用 CHIP（RUMIC）数据（中国居民收入调查数据库）研究创业问题时，将“自我经营者”定义为创业者（宁光杰，2012；周广肃等，2017）；利用 CHNS 数据（中国健康营养调查）时，将“有雇工的个体经营者和无雇工的个体经营者”定义为创业者（解垩，2012；周京奎和黄征学，2014）；利用 CFPS（中国家庭追踪调查）数据时，将就业状态为“自己经营”的定义为创业者（李涛等，2017）；利用 CHFS（中国家庭金融调查）数据时，将工作性质为“经营个体或私营企业，自主创业的个体”定义为创业者（张龙鹏等，2016；李雪莲等，2015）；利用 CGSS（中国综合社会调查）数据时，将“个体户和自己是老板（或者是合伙人）”定义为创业者（阮荣平等，2015；陈刚，2015）；利用全国普查数据时，将“自营劳动者和雇主”定义为创业者（吴晓瑜等，2014）。

在对创业活动内部异质性进行讨论时，国内研究大多按照“家庭以外雇员数量是否为 0”对创业者群体进行分类（阮荣平等，2015；陈刚，2015），因为国内微观数据对劳动者就业状态的调查大多可以区分开“自雇型”创业者和“雇主型”创业者。而在国外研究中，从创业动机的角度进行区分较为常见，较为权威的且对全球不同国家创业现状进行调查的全球创业观察（The Global Entrepreneurship Monitor）首次引入了“生存型”创业者和“机会型”创业者的概念。将创业动机为“追求更高收入而主动选择创业”定义为“机会型”创业者，将“缺乏就业机会而不得不选择创业”定义为“生存型”创业者。

Wealth 为核心解释变量——家庭财富，借鉴国内外常用的衡量家庭财富的方法，本书采用家庭净资产来衡量家庭财富水平（Hurst and

Lusardi，2004；盖庆恩等，2013；张龙耀和张海宁，2013；甘宇等，2015）。家庭净资产通常是根据家庭金融资产、生产性固定资产、住房资产、耐用品和贵重品资产以及各种正式负债、非正式负债等计算得到的。参照该指标的定义及数据的可得性，本书通过2007年底家庭生产性固定资产价值、自有房屋估计市场价值、金融资产余额、金银、首饰及各种收藏品的估计现值（元）以及各种耐用消费品（包括家具）的估计价值总和减去全家负债总额求得家庭净资产（单位：十万元）。① X 为控制变量，结合已有对创业行为影响因素讨论的相关文献及数据可得性，本书选取了涉及个体、家庭和城市三个层面的控制变量，个体层面变量包括反映人口统计特征的年龄、年龄平方、性别、婚姻状况、是否为少数民族，反映人力资本的健康状况和受教育水平，反映企业家精神的决策能力、自信、克服困难能力和风险偏好；家庭层面变量为社会网络，城市层面变量包含创业氛围、经济发展水平、工资水平和失业率。本书在控制上述因素的情况下识别财富对创业的影响，主要变量定义如表5－1所示。

表5－1　变量定义

变量类型	变量名	定义
被解释变量	创业者	从事自我经营活动
	“自雇型”创业者	从事自我经营活动且家庭以外雇员数量为0
	“雇主型”创业者	从事自我经营活动且家庭以外雇员数量大于等于1
核心解释变量	家庭财富	家庭净资产（十万元）

① CHIP 2008数据对家庭资产状况进行调查时，资产和负债的分类与文中保持统一，因此可以直接计算出家庭净资产。此外，将资产单位调整为十万元，一方面是基于估计系数大小的考虑，另一方面是方便与后文进行比较。

续表

变量类型	变量名	定义
控制变量	年龄	单位：岁
	年龄平方	年龄平方/100
	性别	男性 =1；女性 =0
	婚姻状况	已婚 =1；未婚 =0
	少数民族	少数民族 =0；汉族 =1
	健康状况	一般及以上 =1；不好或非常不好 =0
	受教育水平	受教育年限，单位：年
	决策能力	“觉得自己做事”取值范围：1 ~4，数值越大，决策能力越强
	自信	“经常对自己没有信心”取值范围：1 ~4，数值越大，自信心越强
	克服困难能力	“觉得无法克服困难”取值范围：1 ~4，数值越大，克服困难能力越强
	风险偏好	非常厌恶风险（0 ~2 分）、轻度厌恶风险（3 ~4 分）、风险中立（5 分）、轻度偏好风险（6 ~7 分）和非常偏好风险（8 ~10 分）
	创业氛围	以城市划分：地区企业家创业精神水平 = 自我雇佣比率，即个体及私营企业就业人员数占总就业人员数的比例（%）
	经济发展水平	以城市划分：2007 年人均 GDP 对数（元）
	工资水平	以城市划分：2007 年职工平均工资对数（元）
	失业率	以城市划分：2007 年城镇登记失业率（%）
工具变量	财富外生冲击	过去一年家庭有没有发生过结婚、生大病或意外伤害、家里盖房/买房事件。以上事件任何一项发生过 =1；没有发生过 =0
	城市平均财富水平	以城市划分：家庭财富平均值

资料来源：城市特征变量的数据来自 2008 年《中国城市统计年鉴》，其他数据来自 CHIP 2008。

表5 -2 和表5 -3 分别给出了核心变量和控制变量的分组描述性统计结果，比较了主要变量在创业者与工资获得者，以及“自雇型”创业者与“雇主型”创业者之间的差别。城镇居民中，创业者比例为8.94%，其中“自雇型”创业者和“雇主型”创业者比例分别为5.31%和3.63%。而城镇劳动力市场另一重要群体农民工创业比例为

28.69%，后者约为前者的3倍，其中“自雇型”创业者和“雇主型”创业者比例分别为14.13%和5.19%。可以发现城镇居民创业水平及结构与农民工均存在明显差异，其整体创业比例要远远低于农民工，但其“雇主型”创业者相对比例要高于农民工。[①] 图5-1描述了创业者的行业分布特征，可以发现有超过40%的创业者集中分布于批发和零售行业，这与其他微观数据的发现是一致的。图5-2给出了创业率的区域比较，可以发现在18个调查城市中，创业率居前三的位为：深圳、乐山和蚌埠，居后三位的为：上海、安阳和广州。

表5-2　核心变量描述性统计

变量	整体	创业者	“自雇型”创业者	“雇主型”创业者	工资获得者
家庭净资产（元）	600000	670000	520000	880000	600000
生产性固定资产价值（元）	23000	100000	55000	180000	15000
自有房屋市场价值（元）	480000	450000	380000	560000	480000
金融资产价值（元）	82000	110000	83000	140000	80000
金银、首饰及收藏品价值（元）	8437	8571	7270	10000	8424
耐用品价值（元）	27000	27000	18000	41000	27000
负债（元）	18000	24000	19000	32000	18000
食品支出（元）	1272	1291	1185	1444	1270
重大事件（%）	11.03	9.565	10.56	8.120	11.18
重大事件——结婚（%）	4.454	3.304	3.519	2.991	4.567
重大事件——生大病或意外伤害（%）	4.097	4.870	4.399	5.556	4.021
重大事件——盖房/买房（%）	3.136	2.609	3.519	1.282	3.187

资料来源：CHIP 2008。

① 对农民工创业率的计算是基于CHIP 2008数据的农民工调查问卷，计算方法同城镇样本。

表 5-3 控制变量描述性统计

变量	总体	创业者	"自雇型"创业者	"雇主型"创业者	工资获得者
年龄	40.31	41.29	41.06	41.63	40.21
性别	0.565	0.602	0.529	0.709	0.561
婚姻状况	0.870	0.953	0.944	0.966	0.862
少数民族	0.0110	0.0190	0.0290	0.00400	0.0100
健康状况	0.982	0.981	0.980	0.983	0.982
受教育水平	12.26	10.37	10.02	10.89	12.45
决策能力	3.383	3.480	3.421	3.571	3.372
自信	3.582	3.629	3.579	3.707	3.577
风险偏好	2.012	2.112	2.035	2.231	2.001
社会网络	3.247	3.138	3.016	3.317	3.258

资料来源：CHIP 2008。

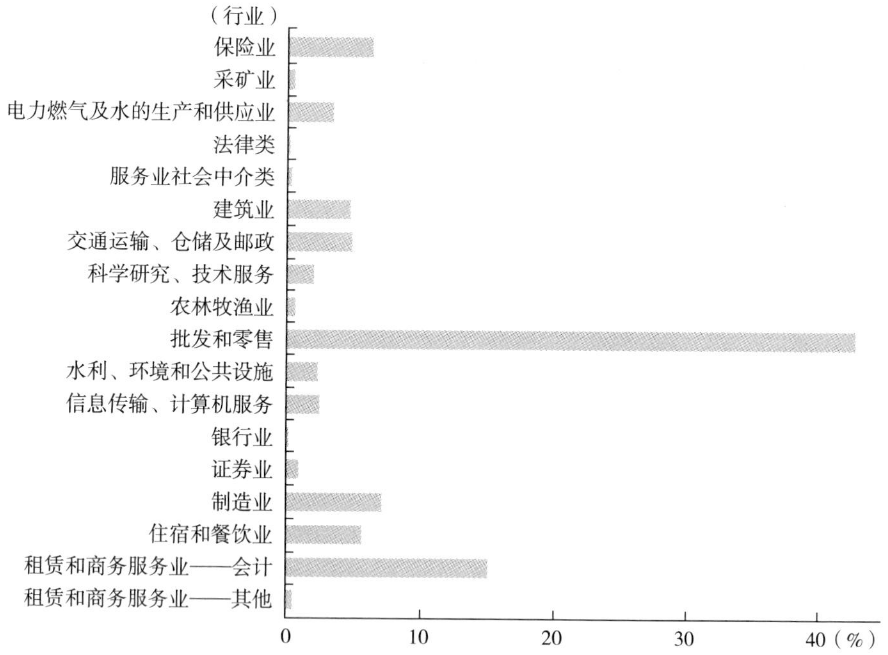

图 5-1 创业者的行业分布

资料来源：CHIP 2008。

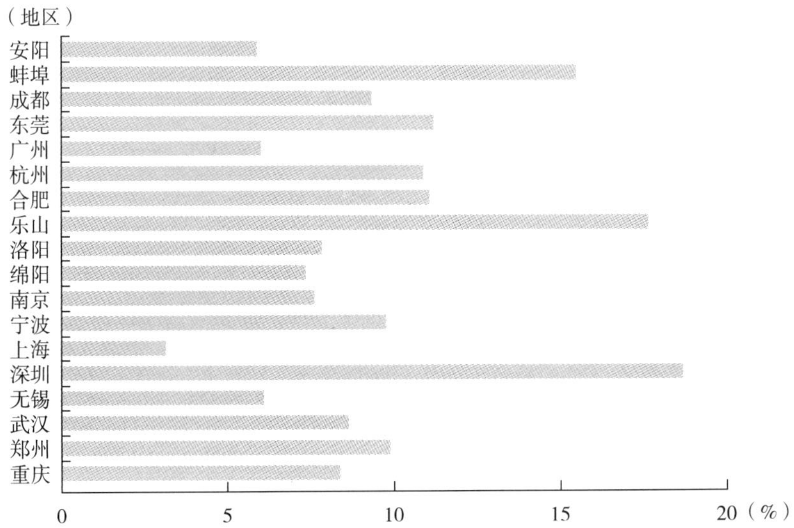

图 5-2　创业率的区域比较

资料来源：CHIP 2008。

从核心解释变量分组比较来看，创业者群体的家庭净资产均值要高于非创业者组，尤其是生产性固定资产，由于生产性固定资产在创业活动中是可以直接投入使用的，因此创业者组在该类资产持有量上远远高于工资获得者。住房资产、金融资产、金银、首饰及收藏品价值、食品支出等在两组之间没有明显差异。创业者群体中发生能够对家庭财富造成外生负向冲击重大事件的概率也相对较低，从“自雇型”创业者与“雇主型”创业者的分组比较来看，两组之间存在较为明显的差异，前者家庭净资产及不同类型资产均值要远低于后者，发生重大事件的概率也高于前者，因此在实证分析中有必要讨论两种不同类型的创业行为。在其他特征方面，创业者群体平均年龄、男性及已婚比例、反映企业家精神的决策能力、自信及风险偏好均高于工资获得者，但受教育水平及工作经验均低于工资获得者。

5.1.3 估计结果及解释

5.1.3.1 基准估计结果

根据实证方程式（5－1），本书采用二值 Probit 模型估计家庭财富对个体创业选择的影响。表 5－4 报告了估计结果的边际系数，为保证估计结果的稳健性，前 3 列为逐步回归结果，其中，第（1）列只纳入了核心解释变量——家庭财富；第（2）列加入个体和家庭控制变量；为了控制外部环境因素对估计结果的干扰，第（3）列又加入了城市特征变量；同时，为了避免家庭财富离群值对估计结果的干扰，第（4）列对家庭财富进行上下 1% 的缩尾处理。

估计结果显示，家庭财富系数显著为正，家庭财富越多，个体选择创业的概率越高，该结果也与国内外大多数研究保持统一，验证了创业选择过程中流动性约束的存在。观察其他控制变量的系数，在个体特征方面，男性比女性更容易创业，主要是因为男性比女性具有更高的风险容忍度，而高风险和不确定性是创业活动的特性；已婚，尤其是对于有孩子的家庭，照料孩子的压力将迫使劳动力尤其是母亲选择工作时间更为灵活的创业活动，因此已婚群体创业概率更高；教育显著降低了个人的创业概率，受教育程度较高的人更有机会获取稳定的工作，在选择创业时要承担更高的机会成本；决策能力强、风险容忍度高均能显著提高创业概率，这两种心理特质均是反映企业家精神的重要方面。在家庭特征方面，社会网络系数显著为负，主要是因为网络越发达，城镇居民在正规就业市场找到工资性工作的概率越高，从而限制其选择创业活动。在城市特征方面，创业氛围越好，个体对创业活动的偏好就越强，从而提高其创业动机。

表5-4　家庭财富对创业行为的影响——基准模型

	(1)	(2)	(3)	(4)
	二元 Probit 模型（创业者 =1，工资获得者 =0）			
家庭财富	0.0012** (0.0006)	0.0026*** (0.0006)	0.0034*** (0.0007)	0.0061*** (0.0014)
年龄		0.0066 (0.0054)	0.0049 (0.0054)	0.0050 (0.0054)
年龄平方		-0.0113* (0.0065)	-0.0090 (0.0064)	-0.0092 (0.0064)
男性		0.0319*** (0.0098)	0.0297*** (0.0098)	0.0308*** (0.0098)
已婚		0.0521** (0.0259)	0.0490* (0.0260)	0.0476* (0.0260)
少数民族		0.0165 (0.0417)	0.0028 (0.0410)	0.0021 (0.0413)
健康状况		-0.0081 (0.0338)	-0.0090 (0.0337)	-0.0081 (0.0340)
受教育水平		-0.0209*** (0.0019)	-0.0204*** (0.0018)	-0.0209*** (0.0019)
决策能力		0.0300*** (0.0083)	0.0301*** (0.0082)	0.0308*** (0.0083)
自信		0.0100 (0.0097)	0.0110 (0.0097)	0.0105 (0.0097)
风险偏好		0.0114*** (0.0040)	0.0118*** (0.0039)	0.0117*** (0.0040)
社会网络		-0.0201*** (0.0061)	-0.0218*** (0.0061)	-0.0233*** (0.0062)
创业氛围			0.0014*** (0.0004)	0.0016*** (0.0005)
经济发展水平			0.0045 (0.0174)	-0.0036 (0.0180)
工资水平			-0.0055 (0.0059)	-0.0041 (0.0060)

续表

	(1)	(2)	(3)	(4)
	二元 Probit 模型（创业者 =1，工资获得者 =0）			
失业率			-0.0018 (0.0062)	-0.0025 (0.0063)
样本量	6197	3669	3669	3669

注：***、**、*分别表示在1%、5%、10%的水平上显著。考虑到同一城市不同个体的随机扰动项可能存在相关性，括号中报告的是经过城市层面聚类调整的稳健标准误。

资料来源：RUMIC 2008。

5.1.3.2 考虑内生性的估计结果

以上 Probit 估计结果可能是有偏颇的。在研究财富对创业行为的影响时，需要考虑内生性问题。一方面，个体在从事创业活动的同时，也会通过生产经营活动积累家庭财富，是更富有的个体更容易选择创业？还是创业的个体更为富有？如何将初始财富与创业积累的财富区分开？在定量分析中对上述问题的回答直接关系到对家庭财富与创业行为因果关系的判断；另一方面，有创业动机的个体往往会在创业前提高储蓄倾向，从而积累家庭财富。

为了保证估计结果的稳健性，结合既有研究在实证分析中的处理方法，本书采取两种方法缓解潜在的内生性问题。第一种方法是选取较为外生的财富衡量指标。国外研究中对影响家庭财富的外生事件的选择常见的有：赠予或遗产继承、房产增值、彩票奖金等（Blanchflower and Oswald，1998；Hurst and Lusardi，2004；Schmalz et al.，2013；Harding and Rosenthal，2013；Kerr et al.，2015），国内微观数据中难以获取上述信息，结合数据的可得性，本书选取了其他能够衡量家庭财富的指标，分别为家庭生产性固定资产价值、自有房屋估计市场价值、金融资产余额、金银、首饰及各种收藏品的估计现值、各种耐用消费品（包括家具）以及家庭食品支出，金融资产余额指标以外，其他种类资产流动性均较低，更可能是通过财富长期积累形成的，因此更能反映家庭经济状况，而食品支出能反映家庭长期的消费习惯，因此不容易受短期家庭财富变化的影响。

第二种方法是引入工具变量来控制潜在的内生性问题。根据工具变量的选取标准，本书选取了一个城市特征变量——单个城市所有被调查城镇家庭的平均财富水平和一个家庭特征变量——过去一年家庭是否有重大事件发生作为财富的工具变量。从理论上分析，城市平均财富水平与家庭财富之间应该存在正相关关系，且单个家庭财富水平很难对城市平均水平产生影响。① 在解决家庭财富内生性问题时，较多文献考虑由于偶然发生的外生冲击带来的家庭财富的变化对个体创业选择的影响。此种方法背后的原理是家庭财富的变化是外生的，因此不存在内生性问题。本书借鉴 Frijters 等（2011）的方法，用“过去一年家庭有没有发生过结婚、生大病或意外伤害、家里盖房/买房事件”作为家庭财富的工具变量，如果有任何一件事发生过，则取值为 1，否则取值为 0。以上三种事件的发生均会对家庭财富产生一个外生的、负向的冲击，导致家庭财富的减少。②

经过上述理论分析，城市平均财富水平与家庭财富之间应该存在正相关关系，而财富外生冲击与家庭财富之间存在负相关关系，且以

---

① 房产是中国城市居民家庭最重要的资产，Li 和 Wu（2014）发现，中国城市家庭资产的 90% 来源于住房。而且我国城镇家庭自有住房率比较高，2009 年 CHNS 调查数据显示我国城镇家庭自有住房率超过了 80%，因此家庭财富水平的高低在一定程度上是可以通过房价来反映的，单个城市的平均财富水平是能够反映一般家庭资产情况的。

② 上述三种事件中，完全外生的事件只有“生大病或意外伤害”。“过去一年家庭有没有发生过结婚”由于无法判断娶或嫁，因此对财富是造成负向还是正向冲击并不确定，并且结婚或家里盖房/买房事件是受创业动机或创业行为影响的，并不完全外生。但由于上述三类事件在家庭中单独发生的概率均比较低，因此本书进行了综合考虑。在实证分析中，如果只将“生大病或意外伤害”作为财富外生冲击，研究结论依旧稳健。

上两个工具变量均不受个体就业身份的影响，因此符合相关性和外生性要求。在两阶段工具变量估计中，第一阶段 F 统计量为 70.07，远远超过了经验门槛值 10。并且第一阶段估计结果显示家庭发生重大事件与城市平均财富水平两个工具变量估计系数分别为 -0.0067 和 0.8879，后者在 1% 的水平上统计显著，保证了工具变量的有效性。但基于第一阶段 F 统计量和工具变量的系数及显著性只能判断是否存在弱工具变量问题。在定量分析中，合适的工具变量要同时满足“相关性”和“外生性”的条件。① 因此为进一步检验工具变量的有效性，基于线性概率模型，我们通过检验来分别排除潜在的弱工具变量和工具变量的内生性问题。在弱工具变量检验中，Cragg - Donald 沃尔德 F 统计量为 34.212，拒绝工具变量是“家庭财富”的弱工具变量的原假设。过度识别检验中，Hansen J 统计量为 0.079（$p = 0.7786$），不拒绝两个工具变量均为外生变量的原假设。②

表 5 -5 为考虑内生性问题后的估计结果。其中第（1）～（5）列分别为采用家庭生产性固定资产价值、自有房屋估计市场价值、金融资产余额、金银、首饰及各种收藏品的估计现值、各种耐用消费品（包括家具）以及家庭食品支出作为家庭财富衡量指标的估计结果。第（6）、（7）列分别为两阶段工具变量估计的第一阶段和第二阶段结果。可以发现家庭财富系数依旧显著为正，说明在考虑内生性问题后，研究结论依旧是稳健的。

---

① 工具变量估计中，选取工具变量的标准包括三个：相关性、外生性和只能通过内生变量一种渠道影响因变量，在对工具变量的有效性进行检验时，通常考虑其相关性和外生性。

② 进行弱工具变量检验和过度识别检验时，在 stata 中应用的命令为“ivreg2”，在工具变量个数多于内生变量时，可以进行上述检验。但本书检验存在一定的问题，本书的估计方程为二元选择模型，而检验的命令是基于线性概率模型。

表5-5 家庭财富对创业行为的影响——考虑内生性

	(1)	(2)	(3)	(4)	(5)	(6)	(7)
	二元 Probit 模型					IV Probit 模型	
						第一阶段	第二阶段
家庭财富	0.0121*** (0.0042)	0.0024** (0.0010)	0.0508** (0.0201)	0.0167** (0.0066)	0.1313** (0.0621)		0.1131** (0.525)
财富外生冲击						-0.0067 (0.3927)	
城市平均财富水平						0.8879*** (0.1221)	
控制变量	有	有	有	有	有	有	有
样本量	3744	3812	3810	3824	3829	3668	3668

注：***、**、*分别表示在1%、5%、10%的水平上显著。考虑到同一城市不同个体的随机扰动项可能存在相关性，括号中报告的是经过城市层面聚类调整的稳健标准误。控制变量同基准模型，限于篇幅，不再进行报告。

资料来源：CHIP 2008。

5.1.3.3 家庭财富对不同类型创业活动的异质性影响

以上分析把创业者群体作为一个整体研究，没有考虑创业者群体内部的异质性。这样做虽然会简化分析过程，但对研究对象一概而论会使研究结论不符合现实，前文变量的分组比较中，已经可以发现创业者群体内部的差异有可能大于创业者群体和工资获得者群体之间的差异。从这方面考虑，本书从雇员数量的角度对创业者群体进行分类研究。根据自我经营活动中雇用家庭以外成员的数量是否为0将创业者细分为“自雇型”创业者和“雇主型”创业者。

表5-6为多元 Probit 模型估计结果，以工资获得者作为对照组。其中，第（1）、第（2）列没有考虑财富的内生性，第（3）、第（4）列考虑了财富的内生性，采用的工具变量同前文。可以发现财富显著提高了城镇居民选择“自雇型”创业的概率，但对选择“雇主”型创

业影响较小或不存在显著的影响。这可能是因为，相对“雇主型创业”，“自雇型”创业活动“准入门槛”较低，对初始投入的要求较低，进入和退出都比较容易，因此更容易受财富水平的影响。而“雇主型”创业经营规模较大，“准入门槛”较高，对初始投入的要求也比较高，因此不容易受到财富水平的影响。

表 5－6　家庭财富对创业行为的影响——考虑创业异质性

	(1)	(2)	(3)	(4)
	多元 Probit（工资获得者为对照组）			
	不考虑内生性		考虑内生性	
	“自雇型”创业	“雇主型”创业	“自雇型”创业	“雇主型”创业
家庭财富	0.0366***	0.0223***	0.0625*	-0.0585
	(0.0070)	(0.0084)	(0.0351)	(0.0680)
控制变量	有	有	有	有
样本量	3669	3669	3828	3828

注：***、**、*分别表示在1%、5%、10%的水平上显著。考虑到同一城市不同个体的随机扰动项可能存在相关性，括号中报告的是经过城市层面聚类调整的稳健标准误。控制变量同基准模型，限于篇幅，不再进行报告。

资料来源：CHIP 2008。

5.1.3.4　家庭财富对创业行为的非线性影响

理论分析部分，本书提出如果将财富与创业行为关系的分析置于一个动态分析框架，考虑样本选择问题，两者之间可能是存在非线性关系的。即财富存在一个临界点，在到达临界点之前，两者之间是正相关的。但在临界点之后，由于有创业能力的个体已经选择了创业，在剩余的样本中财富越多，其创业能力反而越低，因此财富与创业之间可能存在负相关关系。在对两者之间的非线性关系进行检验时，较多研究考虑引入财富二次项，也有研究考虑分组估计。

如盖庆恩等（2013）通过引入财富二次项考察了中国农户家庭财富与创业的关系，研究发现财富对创业的影响并非简单的单调关系，而是呈现倒U形关系。当农户资产处于0～98.70分位数区间（0 < 资产 < 26.84万元）时，农户资产越多越倾向于创业；但当资产处于98.70分位数之后的区间（资产≥26.84万元）时，样本自选择偏差的存在使二者呈负相关关系；张龙耀和张海宁（2013）发现整体上家庭创业受到自有财富水平的影响，财富水平与家庭创业概率显著正相关。按财富阶层分组回归显示，财富分布处于中等偏下的家庭创业受到金融约束的抑制尤为显著；翁辰和张兵（2015）研究发现信贷约束对农村家庭创业选择具有显著的负向影响。在进一步考察信贷约束对农村家庭创业的异质性影响时，研究发现，信贷约束显著制约了财富分布位于最低25%、50%～75%以及最高25%的样本家庭的创业选择，并且对财富水平较高的农村家庭创业影响更大。

本书在对两者之间的非线性关系进行检验时，考虑到有效样本量较少（3669个），如果进行分组估计，单一组别的有效样本量更少，并且财富水平的临界点通常处于极高的水平。因此本书通过同时引入家庭财富及家庭财富的二次项对非线性关系进行讨论。如果财富二次项系数显著为负，而一次项系数显著为正，则可以判断两者之间存在倒U形关系，验证了理论部分提出的研究假说。表5－7为估计结果，其中第（1）～（6）列分别为采用家庭净资产，家庭生产性固定资产价值，自有房屋估计市场价值，金融资产余额，金银、首饰及各种收藏品的估计现值，各种耐用消费品（包括家具）以及家庭食品支出作为家庭财富衡量指标的估计结果。可以发现财富与创业行为之间存在稳健的倒U形关系。

表 5－7　家庭财富对创业选择的影响——非线性关系

	(1)	(2)	(3)	(4)	(5)	(6)
	二元 Probit 模型（创业者＝1，工资获得者＝0）					
家庭财富	0.0049***	0.0371***	0.0052**	0.2023***	0.4394***	0.0074***
	(0.0014)	(0.0047)	(0.0020)	(0.0503)	(0.1648)	(0.0026)
家庭财富平方	−0.0024	−0.0649***	−0.0079*	−7.9370***	−0.7097**	−0.0041*
	(0.0018)	(0.0099)	(0.0042)	(2.6874)	(0.3229)	(0.0021)
控制变量	有	有	有	有	有	有
样本量	3656	3744	3812	3810	3829	3655

注：***、**、*分别表示在1%、5%、10%的水平上显著。考虑到同一城市不同个体的随机扰动项可能存在相关性，括号中报告的是经过城市层面聚类调整的稳健标准误。控制变量同基准模型，限于篇幅，不再进行报告。

资料来源：CHIP 2008。

前文中，基于 CHIP 2008 数据，本书实证检验了家庭财富对创业行为的影响。基准模型估计结果发现财富对创业选择行为存在显著正向影响，验证了基准创业选择模型的研究假说。考虑到潜在的内生性问题，本书采用选取更为外生的衡量指标及引入工具变量估计两种方法，研究发现在考虑内生性问题后，财富对创业行为依然存在显著正向影响。本书进一步考察了财富对不同类型创业活动的影响，多元选择模型估计结果发现财富显著提高了个体选择“自雇型”创业的概率，但对选择“自雇型”创业影响较小或不显著。最后，在理论分析中基于动态分析框架提出的两者之间存在非线性关系的假说，本书进行了实证检验，发现财富与创业行为之间存在倒 U 形关系，验证了理论模型的推断。

5.2 家庭财富与创业行为

——基于CFPS数据的稳健性检验

前文中，基于CHIP 2008数据，本书检验了家庭财富对创业行为的影响。但所利用数据为截面数据，在估计时存在一定的缺陷。影响创业行为的因素是多维度的，是不可观测的，也是难以全面衡量的，定量分析中上述因素的遗漏均会造成估计偏误。并且利用截面数据进行创业选择问题时，被解释变量——是否是创业者的衡量一般是基于某一时点个体的就业身份，不考虑创业的持续时间，可能存在样本选择问题，因为在创业进程中，经营状况不好的企业可能已经退出创业活动。而利用面板数据进行估计，在一定程度上能够控制遗漏变量问题，尤其是不随时间发生变化的变量缺失问题。被解释变量也由单纯的特定时点就业身份变为就业转换，这就能够有效克服样本选择偏差。研究创业选择行为的既有相关文献，尤其是国内研究中，受限于微观面板数据的可得性，利用面板数据研究创业选择问题的文献较少。国内研究只有解垩（2012）利用CHNS纵向数据对我国非农自雇活动转换进入的决定因素进行了分析。在这一部分本书利用CFPS 2010－2016的四轮面板数据研究家庭财富对创业决策的影响，为财富与创业关系的研究提供更为稳健的检验。[①]

① 国内具有一定时间跨期且能够识别创业的微观面板数据只有CHNS和CFPS数据，但由于CHNS追踪率较低，且对家庭财产状况的调查不够详细，故本书没有采用CHNS数据进行分析。

5.2.1 数据

本书所使用的数据来自北京大学中国社会科学调查中心实施的中国家庭追踪调查（China Family Panel Studies，CFPS）。该数据是两年一次的跟踪调查数据，旨在收集全国代表性样本村居、家庭和家庭成员的信息，全面反映中国社会变迁和经济发展的状况。在2008年和2009年对广东、上海、北京3地区进行了预调查与追访调查，并于2010年开展正式调查，目前可以公开获取的数据为2010年、2012年、2014年及2016年四轮面板数据。CFPS调查覆盖全国25个省份，目标样本规模为16000户，调查对象包含样本家户中的全部成员。

在调查方法上，CFPS采用城乡一体的多阶段、内隐分层和与人口规模成比例的抽样方法保证样本具有全国代表性。调查问卷共有社区问卷、家庭问卷、成人问卷和少儿问卷四种主体问卷类型。其提供的数据已经成为研究中国家庭最主要的数据来源。本书将采用2010～2016年四轮面板数据进行研究。

5.2.2 模型设定

本书被解释变量为家庭是否创业，该变量同样是一个取值为0和1的二元类别变量，因此本书同样设定二元Probit创业选择模型，估计家庭财富对创业选择行为的影响：

$$Entrepreneur\ (1,\ 0)_{it} = g(\alpha_0 + \lambda Wealth_{it} + X_{it}\beta + \varepsilon_{it}) \qquad (5-2)$$

方程（5－2）为混合数据Probit模型的估计方程，没有考虑加入家庭固定效应，定量分析中一些能够影响创业行为但又无法观测或者无法全面衡量的因素就可能会造成估计偏误，因此本书又设定了面板固定效应模型的估计方程（5-3），加入家庭固定效应，如果上述因素不随时间变化或者随时间变化较小，就能够避免因为遗漏关键变量造成的估计偏误：

$$Entrepreneur\,(1,\ 0)_{it} = g(\alpha_i + \lambda Wealth_{it} + X_{it}\beta + \varepsilon_{it}) \quad (5-3)$$

被解释变量 *Entrepreneur* 为家庭是否创业的虚拟变量，若在某一时点家庭进行着创业，则取值为1，反之为0。前文中，基于 CHIP 2008 数据进行创业研究时，被解释变量——是否是创业者的识别是依据被调查者的就业身份，根据创业者“从事独立生产经营活动”的属性，从个体层面界定是否是创业者。但在 CFPS 数据中，只有 2010 年数据能够从个体层面识别创业[①]，在后三轮数据中均无法识别创业。但四轮数据均可以从家庭层面识别创业，依据创业者的定义以及既有相关研究的应用，本书用“过去一年您家是否有家庭成员从事个体经营或开办私营企业”来识别家庭是否创业，如果家庭对上述问题的回答为是，则家庭创业=1，反之，家庭创业=0。[②] 在对创业的定量研究中，考虑到个体经营或开办企业通常是家庭成员联合决策的结果，因此绝大多数文献从家庭而非从个体层面来定义创业（周广肃和李力行，2016；周广肃等，2015）。

Wealth 为核心解释变量——家庭财富，为与前文保持统一，本书依然用家庭净资产衡量家庭财富，依据数据的可得性和统一性，本书

① 2010 年在对个体就业状态进行调查时，询问了如下问题“您现在主要是在哪个机构工作”，从事自我经营的可以定义为创业者。利用 CFPS 数据研究创业行为的既有文献中，几乎均是从家庭层面对创业进行定义。

② 对家庭创业的定义，在四轮数据中，也存在一定的差异。2010 年识别家庭创业的问题为“您家是否参与经营或完全经营非农产业”，而 2012～2016 年三轮数据识别问题为“过去一年，您家是否有家庭成员从事个体经营或开办私营企业”，本书在实证分析中，为了保证面板数据的完整性，没有考虑上述两个问题在识别家庭创业方面的差异，如果将 2010 年数据剔除，研究结论依旧稳健。

用住房价值、存款余额、金融资产、应收欠款等资产总和减去家庭负债求得家庭净资产[①]；α_i 为家庭固定效应，以控制不可观测因素对估计结果的干扰；X_{it} 为户主和家庭控制变量，利用 CFPS 数据研究创业选择行为的既有文献中，考虑的因素包括个体（户主）层面的性别、民族、年龄、教育、党员身份、婚姻状况、健康状况、认知能力、非认知能力、户口以及家庭层面的家庭规模、少儿比例（16 岁以下）、老年人比例（60 岁以上）、家庭中兄弟姐妹的数量、家庭收入、资产、负债等。在本书中，基于数据的可得性和统一性，选取的控制变量为户主年龄、年龄平方、家庭少儿比例及老年人比例。[②]

基于 CFPS 数据，本书同样对我国的创业现状进行了描述。表 5 - 8 描述了 2010 ~ 2016 年我国整体创业率和城镇地区创业率的发展趋势，可以发现我国整体创业率由 2010 年的 8.15% 增长至 2016 年的 10.37%，城镇创业率由 2010 年的 9.41% 增长至 2016 年的 12.56%。表 5 - 9 对创业的区域分布情况进行了描述，发现在 2016 年创业率居前三名的省份为：浙江、福建和天津。

表 5 - 8　我国创业率的发展趋势

年份	创业率（%）	城镇地区创业率（%）
2010	8.15	9.41
2012	9.37	12.61
2014	9.41	11.59
2016	10.37	12.56

资料来源：CFPS 2010 年、2012 年、2014 年、2016 年数据。

① 不同调查年度，对家庭资产状况的调查也存在一定差异。本书对家庭净资产的估算，是基于四轮数据均可以实现的计算方法，因此可能并没有涵盖所有家庭资产。但由于住房资产对城市家庭资产的贡献超过 90%，因此家庭财富的衡量误差并不大。

② 影响创业行为的因素是多维度的，但由于本书估计方法为面板固定效应模型，所以不随或不容易随时间发生的变量可以不纳入估计方程。CFPS 四轮数据调查内容发生过调整，一些关键的控制变量在不同年度存在不同的缺失。

表 5－9　2016 年我国创业率区域比较

省份	全部家庭			城镇家庭		
	家庭数	创业家庭数	创业率	家庭数	创业家庭数	创业率
北京	139	11	7.91	120	7	5.83
天津	103	16	15.53	73	15	20.55
河北	767	79	10.30	347	39	11.24
山西	592	65	10.98	207	28	13.53
辽宁	1363	99	7.26	711	53	7.45
吉林	273	23	8.42	167	17	10.18
黑龙江	412	24	5.83	306	20	6.54
上海	919	41	4.46	755	35	4.64
江苏	313	42	13.42	224	32	14.29
浙江	298	50	16.78	178	23	12.92
安徽	293	31	10.58	187	20	10.70
福建	177	30	16.95	72	14	19.44
江西	273	42	15.38	84	17	20.24
山东	706	78	11.05	290	53	18.28
河南	1519	187	12.31	637	107	16.80
湖北	231	25	10.82	152	21	13.82
湖南	434	60	13.82	289	45	15.57
广东	1334	167	12.52	781	115	14.72
广西	298	24	8.05	105	12	11.43
重庆	162	23	14.20	77	16	20.78
四川	724	79	10.91	312	39	12.50
贵州	431	58	13.46	143	35	24.48
云南	373	44	11.80	123	28	22.76
陕西	327	33	10.09	168	24	14.29
甘肃	1527	120	7.86	364	50	13.74

资料来源：CFPS 2010 年、2012 年、2014 年、2016 年数据。在对创业区域分布进行描述时，由于创业率是基于微观数据计算的，本书没有报告样本量较少省份的创业率。

5.2.3 估计结果及解释

根据实证方程（5-2），本书首先利用混合数据二元 Probit 模型估计财富对家庭创业的影响，估计结果如表 5-10 所示。其中第（1）列核心解释变量为家庭净资产，由于 2010 年数据没有家庭负债信息，所以第（1）列估计数据为 2012~2016 年三轮面板；第（2）列核心解释变量为家庭总资产，因此估计数据为 2010~2016 年四轮面板；考虑到不同类型家庭资产的流动性存在较大差别，为了保证估计结果的稳健性；第（3）~（7）列分别用住房价值、是否有自有住房、金融资产价值、存款以及家庭总收入衡量家庭财富。表 5-10 估计系数显示，除了以是否有自有住房衡量家庭财富以外，在其他情况下，家庭财富系数均显著为正，即家庭财富越多，家庭创业的概率也越高。

表 5-10　财富对创业的影响——基准 Probit 模型

	(1)	(2)	(3)	(4)	(5)	(6)	(7)
	二元 Probit 模型（家庭创业 =1，家庭不创业 =0）						
家庭财富	0.0079***	0.0088***	0.0043***	-0.0081	0.0006***	0.0433***	0.0033***
	(0.0016)	(0.0016)	(0.0006)	(0.0051)	(0.0002)	(0.0023)	(0.0005)
控制变量	有	有	有	有	有	有	有
样本量	13148	18565	19722	22095	22095	22095	21159

注：***、**、*分别表示在 1%、5%、10% 的水平上显著，控制变量包括户主年龄、年龄平方、少儿比例及老年人比例。

资料来源：CFPS 面板数据。

根据实证方程（5-3），本书进一步利用面板 Logit 模型估计财富对家庭创业的影响。与表 5-10 估计结果相似，家庭财富系数也显著为正。应用CFPS数据估计财富对创业的影响时，本书也考虑了潜在的内生性问题。解决内生性的方法也包括两种①：第一种是选择较为外生的衡量指标，如住房价值、是否有自有住房、金融资产价值、存款以及家庭总收入，在表5－10及表5－11中，均报告了上述指标的系数；第二种方法是取财富的滞后项作为衡量指标，一期滞后和两期滞后的情况下财富指标比创业指标分别早2年和4年，在一定程度上能够避免双向因果造成的内生性。表5－12为财富取一期滞后的估计结果，其中第（1）、第（3）列家庭财富衡量指标为滞后一期家庭净资产，第（2）、第（4）列家庭财富衡量指标为滞后一期家庭总资产，第（1）、第（2）列为混合数据Logit模型估计结果，而第（3）、第（4）列为面板数据固定效应模型估计结果，可以发现财富系数依旧是显著为正。表5－13为财富取两期滞后的估计结果，财富系数依旧为正，但样本量的减少造成统计显著性有了明显下降。

表5－11　财富对创业的影响——面板Logit模型

	(1)	(2)	(3)	(4)	(5)	(6)	(7)
	二元Logit模型（家庭创业＝1，家庭不创业＝0）						
家庭财富	0.1744***	0.2328***	0.0617***	0.0778	0.0111**	0.1681***	0.0511***
	(0.0674)	(0.0596)	(0.0172)	(0.1309)	(0.0049)	(0.0469)	(0.0128)
控制变量	有	有	有	有	有	有	有
样本量	1319	2715	3003	3503	3503	3503	3108

注：***、**、*分别表示在1%、5%、10%的水平上显著，控制变量包括户主年龄、年龄平方、少儿比例及老年人比例。

资料来源：CFPS面板数据。

---

① 在解决内生性问题方面，应用CFPS数据采取的方法与前文存在差异。相似的是都利用了更为外生的指标去衡量财富水平，不同的是在RUMIC数据中，本书引入了工具变量进行估计。而在CFPS数据中，没有引入工具变量，主要是因为CFPS数据只能够识别省份，不能够识别城市，分省家庭平均财富水平不能反映单个家庭的财富状况，并且在CFPS数据中，也无法找到能够对财富造成冲击的外生事件。

表 5－12　财富对创业的影响——一期滞后

	(1)	(2)	(3)	(4)
	二元 Probit（家庭创业＝1，家庭不创业＝0）			
滞后一期家庭财富	0.0044* (0.0024)	0.0791* (0.0428)	0.0051** (0.0022)	0.0511** (0.0249)
控制变量	有	有	有	有
样本量	9619	935	9622	935

注：***、**、*分别表示在1%、5%、10%的水平上显著，控制变量包括户主年龄、年龄平方、少儿比例及老年人比例。

资料来源：CFPS 面板数据。

表 5－13　财富对创业的影响——两期滞后

	(1)	(2)	(3)	(4)
	二元 Probit（家庭创业＝1，家庭不创业＝0）			
滞后两期家庭财富	0.0065* (0.0035)	0.0983* (0.0555)	0.0076** (0.0033)	0.0842 (0.1108)
控制变量	有	有	有	有
样本量	6478	328	6478	328

注：***、**、*分别表示在1%、5%、10%的水平上显著，控制变量包括户主年龄、年龄平方、少儿比例及老年人比例。

资料来源：CFPS 面板数据。

与前文保持统一，本书也对财富与创业的非线性关系进行了检验，在估计方程中同时引入财富的一次项和二次项。表 5－14 和表 5－15 分别为混合数据 Probit 模型和面板固定效应模型估计结果，可以发现在多数情况下，家庭财富二次项系数显著为负，一次项系数显著为正，说明家庭财富与创业行为之间存在倒 U 形关系。

无论是家庭财富与创业行为之间线性关系的分析，还是非线性关系的分析，利用 CFPS 面板数据的稳健性检验结果都与前文 CHIP 数据基准估计结果保持统一。

表 5-14　家庭财富对创业的影响——非线性估计（基准 Logit 模型）

	(1)	(2)	(3)	(4)	(5)	(6)
	二元 Probit（家庭创业 = 1，家庭不创业 = 0）					
家庭财富	0.0134*** (0.0026)	0.0141*** (0.0023)	0.0111*** (0.0018)	0.0004 (0.0004)	0.1233*** (0.0087)	-0.0087*** (0.0018)
家庭财富平方	-0.0261** (0.0133)	-0.0285** (0.0129)	-0.0560*** (0.0142)	0.0001 (0.0001)	-2.7001*** (0.2867)	0.0799*** (0.0115)
控制变量	有	有	有	有	有	有
样本量	12601	18565	19722	22095	22095	21159

注：***、**，*分别表示在 1%、5%、10% 的水平上显著，控制变量包括户主年龄、年龄平方、少儿比例及老年人比例。

资料来源：CFPS 面板数据。

表 5-15　家庭财富对创业的影响——非线性估计（面板 Logit 模型）

	(1)	(2)	(3)	(4)	(5)	(6)
	二元 Probit（家庭创业 = 1，家庭不创业 = 0）					
家庭财富	0.2387*** (0.0861)	0.2727*** (0.0696)	0.0867** (0.0366)	0.0267*** (0.0091)	0.4803*** (0.1693)	-0.0444 (0.0375)
家庭财富平方	-0.2504 (0.2446)	-0.2804 (0.2352)	-0.1895 (0.2451)	-0.0049** (0.0023)	-10.2743* (5.3438)	0.6342*** (0.2345)
控制变量	有	有	有	有	有	有
样本量	1227	2715	3003	3503	3503	3108

注：***、**、*分别表示在 1%、5%、10% 的水平上显著，控制变量包括户主年龄、年龄平方、少儿比例及老年人比例。

资料来源：CFPS 面板数据。

5.3　本章小结

基于上一章创业选择模型提出的财富与创业关系的研究假说，本章进行了实证检验。首先利用 CHIP 2008 数据，基于二值 Probit 模型，估计了财富对创业选择行为的影响，研究发现两者之间存在显著正相关关系，财富越多，创业概率越高。在估计两者之间的关系时，内生性问题是相关研究关注的焦点和难点，本书采用选取更为外生的衡量指标及引入工具变量两种方法缓解了潜在的内生性问题，发现研究结论依旧稳健。本书进一步考虑了财富对“自雇型”创业和“雇主型”创业影响的异质性，发现财富能显著提高个体进入“自雇型”创业的概率，但对“雇主型”创业影响较小或不存在显著影响。最后，基于理论模型提出两者之间非线性关系的假说，本书也通过引入财富二次项进行了检验，发现两者之间存在倒U形关系。

考虑到截面数据在研究创业选择问题时的局限性，本书又引入了CFPS四轮面板数据进行了稳健性。研究结论与基准估计结果保持统一，从而为财富与创业的关系提供了更全面的证据。

第6章　住房改革、财富冲击与城镇居民创业行为

在上一章内容中，基于创业选择模型提出的研究假说，本书对家庭财富与创业行为之间的关系进行了实证检验。首先利用 CHIP 2008 单一年度截面数据对两者之间的线性关系和非线性关系进行了实证检验，为消除不可观测异质性以及样本选择问题对估计结果的干扰，进一步利用 CFPS 四轮面板数据对两者之间的关系提供了稳健性检验。基准估计及稳健性检验的结果均验证了本书的研究假说。

内生性问题一直是定量分析财富对创业行为的影响研究的焦点和难点，既有研究主要从选择较为外生的财富衡量指标、寻找工具变量以及利用能够对财富造成冲击的“准自然实验”来更科学地评估两者之间的因果关系。其中基于政府项目或者房产改革等外生事件形成的“准自然实验”，利用双重差分法检验财富对创业活动的影响是前沿研究的热点（Schmalz et al.，2013；Wang，2012；Blattman et al.，2014；Bianchi and Bobba，2013）。如 Wang（2012）基于我国20世纪90年代中期的国企住房改革这一“自然实验”，利用 CHNS 数据检验了改革对我国城镇居民创业选择的影响；Bianchi 和 Bobba（2013）利用墨西哥农村地区的随机福利项目这一“准自然实验”研究了当期和未来可期的现金转移对农民创业选择行为的影响。在本章，借助 20 世纪 90 年

代我国城镇地区的国有住房改革这一能够对城镇家庭财富造成正向冲击的“准自然实验”，本书为家庭财富与城镇居民创业行为的关系提供了更严谨的检验。

6.1 制度背景

20 世纪 80 年代以来，我国经历过若干次住房改革，大致分为“提高租金、以租促售”“低价出售、租售并举”以及“住房分配货币化”三个阶段（周京奎和黄征学，2014）。虽然改革的内容存在差异，但住房改革的实质是公有部门逐步将公有住房出售给单位职工的一个过程。住房改革也使我国成为世界范围内自有住房率较高的国家之一，我国城镇家庭自有住房率由 1989 年的 45.93% 增长至 2009 年的 83%（见图 6－1）。① 伴随着住房改革，民营经济在我国国民经济中的地位也在逐步提升，我国市场经济体制也越来越完善，居民的就业选择也从相对集中于公有部门逐渐分散至其他部门。表 6－1 的不同调查年度居民就业结构显示，公有部门（政府机关、国家事业单位和研究所以及国有企业）就业比例下降较快，从 1989 年的 63.85% 下降至 2009 年的 34.17%；私营和个体企业就业比例经历了较为快速的增长，从 1989 年的 0.54% 上升至 2009 年的 27.14%。

① 由于住房改革只发生在城镇地区，所以图 6－1 报告了城镇地区自有住房率的变动趋势。该指标基于 CHNS 数据计算，在 CHNS 1989～2009 年的八轮统计数据中，城镇地区自有住房率依次为 45.93%、50.09%、51.63%、59.78%、70.63%、78.86% 和 83.00%。

表6-1 我国居民就业结构变动趋势（%）

调查年份	政府机关	国家事业单位和研究所	国有企业	小集体企业	大集体企业	家庭联产承包农业	私营、个体企业	三资企业	其他
1989	41.46	8.55	13.84	13.30	17.59	4.18	0.54	0.00	0.00
1991	52.62	10.30	16.81	0.46	16.03	2.41	0.32	0.00	0.00
1993	50.38	8.61	15.37	8.41	11.71	2.82	0.00	0.00	0.93
1997	46.13	5.10	9.81	5.23	17.68	0.48	3.98	0.00	0.82
2000	42.93	3.03	7.83	3.03	21.05	0.95	5.49	0.00	1.21
2004	5.73	18.30	13.46	1.68	2.79	2.26	23.29	1.47	2.37
2006	4.88	18.84	9.34	1.63	2.83	2.52	26.60	1.00	2.89
2009	5.33	20.15	8.69	2.31	1.91	3.42	27.14	1.61	3.47

资料来源：CHNS数据。

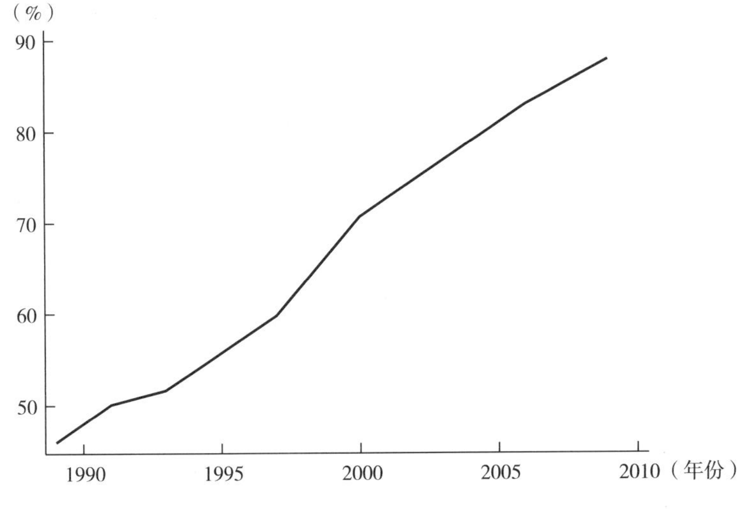

图6-1 我国城镇家庭自有住房率变动趋势（1989~2009年）

资料来源：CHNS数据。

在住房改革过程中，政府允许公有部门以低于市场价值的优惠价格将其员工所居住的公有住房出售给员工，大部分员工以平均低于市场价值 15% 的价格购买其所居住的公有住房。住房改革文件颁布以后，对于员工选择何时购买单位公有住房没有严格的时间限制，但为了鼓励职工尽快购买，设定了较为灵活的出售价格，购买时间越早，享有的折扣越多。同时为了刺激员工买房，房改也包括提高了公有部门的租房价格。价格差异刺激绝大部分具备购买资格的家庭在第一时间做出购房选择，即使没有足额资金的家庭也会通过抵押贷款的渠道筹集资金，以获得单位出售价格与市场价格之间的价格差。Wang（2012）基于涉及全国 11 个省份城镇地区的 CHIPS 1995 数据计算发现，住房市场价值与公有单位要价平均价差为 24462 元，相当于当时城镇家庭平均年收入的两倍，受住房改革影响的家庭相当于获得了一笔数量可观的来自公有部门的财富转移。

住房改革能够通过财富效应和信贷效应影响微观主体的经济行为。其财富效应体现在：拥有完全或部分产权的家庭可以出租房屋获得租金收益，其中获得完全产权的家庭还可以出售住房获得住房的溢价收益，这些都会增加家庭的自有财富。信贷效应体现在，在我国当时金融环境下，金融发展滞后、信用体系不健全，向银行贷款往往需要实物抵押，而住房是最重要的贷款抵押品之一，因此住房改革提高了家庭获取外部资本的能力。综合以上两种效应，住房改革不仅提高了受影响家庭的自有财富，也提高了其获取外部资金的能力。借助住房改革形成的对财富形成外生冲击的“准自然实验”，有文献研究了财富对微观主体经济行为的影响，如尹志超和甘犁（2009）研究了中国住房改革对城镇家庭耐用品消费的影响，将家庭是否受住房改革影响引入耐用品消费的估计方程，基于 CHNS 面板数据并采用混合数据二值 Probit 模型、面板固定效应模型等方法进行估计后发现受益于住房改革的家庭消费了更多的耐用品。特别是，在住房改革的随后几年，其影响更为显著；周京奎和黄征学（2014）检验了住房制度改革对我国城镇居民创业选择的短期与长期影响，同样将家庭是否受住房改革影响引入创业决策的估计方程，基于CHNS面板数据并采用混合数据二值Probit模型进行估计后发现住房制度改革通过降低流动性约束提高了职工“下海”创业倾向，而且住房制度改革的影响效应呈现出短期与长期并存的特征；Wang（2012）也检验了住房改革对我国城镇家庭户主及配偶创业行为的影响，数据同样为CHNS数据，但与周京奎和黄征学（2014）的处理不同，Wang（2012）在实证分析中采用了双重差分法。研究发现住房改革家庭可以用住房作为抵押品，这就增强了个人利用自有房产为创业活动融资的能力，减弱了个人创业的信贷约束，从而增加了自主创业的个体经营者的比例。

通过以上分析可以发现，我国住房改革能够通过财富效应和信贷效应影响微观主体的经济行为。在进行定量分析时，所有相关研究均采用了CHNS数据，CHNS数据也是我国现有微观数据中唯一调查期限涵盖住房改革的微观面板数据，但在识别住房改革影响时采用的识别方法存在差异。因此本章内容利用CHNS数据检验住房改革对城镇居民创业行为的影响，利用住房改革对受影响家庭形成的“外生”的财富转移，更好地识别家庭财富与创业行为的因果关系。结合住房改革的具体内容以及在定量分析中的应用，本书可以从两个角度利用住房改革。第一种利用双重差分法，通过识别处理组、控制组以及政策发生时点评估住房改革的政策效果；第二种利用面板固定效应模型，识别出家庭是否受住房改革影响，估计其对居民创业行为的影响。

6.2 数据

CHNS 数据来源于北卡罗来纳大学和中国疾病控制和预防中心在中国联合进行的中国健康和营养调查。采用多阶段分层随机整群抽样（Multistage Random Cluster Sampling）方法，依据地理位置、经济发展程度、公共资源的丰裕程度和健康指数覆盖了中国东部、中部和西部九个省份（辽宁、黑龙江、山东、江苏、河南、湖北、湖南、广西、贵州）的城镇和农村。① 除了选取每个省的省会城市和较低收入的城市外，在每个省依据收入分层（高、中、低）和一定的权重随机抽取 4 个县，每个县按收入分层抽取 3 个村落，每个村 20 户，城市内的城区和郊区是随机选取的。由此可见，CHNS 样本具有全国代表性。目前可以得到 1989 年、1991 年、1993 年、1997 年、2000 年、2004 年、2006 年、2009 年及 2011 年共 9 轮的数据。CHNS 调查数据中，只有部分样本参与了全部的 9 轮调查，丢失的样本可能源于被调查个体的流动或死亡。虽然单一年度有效样本量较小，但由于面板数据对调查对象进行连续的追踪，我们可以观察到个体的就业转换，因此可以在一定程度上控制不可观测因素对估计结果的影响。本书保留年龄在 16 ~ 60 岁、在调查时点有工作的样本，将研究对象限定为城镇居民，同时

① 1989 年、1991 年、1993 年调查的 8 个省份分别为：辽宁、江苏、山东、河南、湖北、湖南、广西、贵州；1996 年把辽宁替换为黑龙江；1999 年以后则对以上 9 个省都进行了调查。

删除职业为农民、渔人及猎人的样本。[1] 考虑到 CHNS 2011 年的调查与以往八轮调查的涉及省份出现了较大的差别，本书删除了 2011 年的调查数据。最后，本书最终得到 8 个时间点的非平衡面板数据。

6.3 双重差分法

6.3.1 处理组和控制组的确定

双重差分法应用的关键在于处理组和控制组以及政策发生时点的确定。1994 年 7 月国务院颁布了在全国范围内城镇地区，公有部门将员工现居住的住房出售给员工的政策，居住在公有住房的员工被给予了购买全部或部分产权的机会。部分产权包括永久使用、遗赠以及用作抵押贷款的权利，5 年以后，拥有部分产品的员工获得了出售住房的权利，但必须与单位共享收益。拥有全部产权的在使用、出售等方面没有任何限制。

1994 年 7 月中央宣布开始在我国城镇地区实施公有住房改革政策以后，不同地区对政策的实施存在一定的时间差异，但本书无法通过不同地区实施政策的先后差异识别出处理组、控制组以及政策发生时点。因为本书所使用的 CHNS 数据是不连贯的，1993 年第三轮数据为改革前的最后一年，第四轮数据为 1997 年，1993 ~ 1997 年是没有统计数据的，

① 城镇居民的识别采用调查地位于城镇且户主为城镇户口两个判断标准。由于研究内容为城镇居民的创业行为，并且农业部门创业的识别较为困难，本书只保留非农就业的样本。

而截至 1997 年全国各地区都已经实施了这项政策。CHNS 问卷中也没有询问居住在公有住房的家庭是否获得了购买公租房的机会的相关问题，因此无法通过问卷将有机会购买和无机会购买的家庭直接区分开。

借鉴 Zhang（2012）利用双重差分法研究住房改革对微观主体经济行为影响的做法，本书将符合如下条件的家庭定义为处理组：改革发生前居住在公有住房且夫妻至少有一方在公有部门就业的家庭，也就是说居住在公有住房的个体，哪怕是没有在公有部门就业的，只要配偶在公有部门就业的，也归为处理组，处理组的定义是以家庭为单位的。与此同时，本书选取了两个控制组分别与处理组相对应，第一类控制组为夫妻双方居住在私有住房且均不在公有部门工作的家庭；第二类为夫妻双方居住在私有住房且至少有一方在公有部门工作的家庭。两类控制组均不受住房改革的影响，考虑到两类控制组在个体、家庭特征等方面存在较为明显的差异，所以在实证分析中还是主要单独采用某一组作为控制组与处理组并进行比较。关于政策时间点的确定，由于政策是在 1994 ~ 1997 年在全国逐步推行的，因此将前三轮（1989 年、1991 年和 1993 年）界定为改革前，后五轮（1997 年、2000 年、2004 年、2006 年、2009 年）界定为改革后。

处理组定义为 1993 年居住在公有住房且夫妻至少有一方在公有部门就业的家庭，但该定义方式也存在一定问题。1989 年、1991 年及 1993 年三轮追踪调查中，数据存在损耗，在前两轮接受过调查的样本可能在第三轮调查中缺失，在第四轮或者之后调查中又再次进入。如果直接按照 1993 年的夫妻工作及家庭住房状态进行归类，这部分样本就会被删除，利用双重差分法进行估计时，在改革前后都有调查的样本才会作为有效样本，样本数量较少。出于尽可能增加有效样本量的考虑，本书在原始归类的基础上，也将 1993 年数据缺失，但在 1991

年和1989年的调查中将居住在公有住房且夫妻至少有一方在公有部门就业的家庭也归为处理组，保证了估计结果的稳健性。

6.3.2　模型设定

本书研究对象为家庭户主及其配偶，被解释变量为个体在调查时点的就业身份是否为创业者，该变量是一个取值为0和1的二元类别变量，因此本书根据以下个体层面的创业选择模型，估计公有住房改革对个体创业选择行为的影响：

$$Entrepreneur\,(1,\ 0)_{it} = g(\alpha_i + \lambda_1 Treat_j \times Post_t + \lambda_2 Post_t + X_{it}\beta + \varepsilon_{it}) \tag{6-1}$$

Entrepreneur（1，0）为个体 i 在年度 t 是否是创业者的虚拟变量，若受访对象对当前工作类别的回答是创业者，则解释变量等于1；若为工资获得者，则为0。CHNS数据中，将受访者的就业身份分为如下九类：①有雇工的个体经营者；②无雇工的个体经营者；③为他人或单位工作的长期工；④为他人或单位工作（合同工）；⑤临时工；⑥领取工资的家庭工人；⑦无报酬的家庭帮工；⑧其他；⑨不知道。从创业者“从事独立生产经营活动”的属性出发，本书将“有雇工的个体经营者”和“无雇工的个体经营者”定义为创业者，将“为他人或单位工作的长期工”“为他人或单位工作（合同工）”“临时工”及“领取工资的家庭工人”归为工资获得者，并进一步将“有雇工的个体经营者”和“无雇工的个体经营者”分别定义为“雇主型”创业者和“自雇型”创业者。

$Treat_j$ 为是否是处理组的虚拟变量，为家庭层面变量，家庭受到住房改革影响的，取值为1，不受住房改革影响的，则取值为0；$Post_t$ 为政策发生前后的虚拟变量，即政策发生前的 1989 年、1991 年及 1993 年三个年度取值为 0，政策发生后的 1997 年、2000 年、2004 年、2006 年及 2009 年 5 个年度取值为 1，λ_1 即为住房改革的政策效果，即住房改革对创业选择行为的影响，λ_2 为时间效应，反映了改革前后创业的变动趋势；α_i 为个体固定效应，影响创业选择的因素是多方面的，在 CHNS 数据中，可以提取的个体和家庭层面控制变量是比较少的，但利用面板固定效应模型进行估计，可以有效地克服在定量分析中难以进行衡量或全面量化，而又不随时间发生变化的因素的影响。考虑到同一家庭内部户主和配偶的创业行为可能存在相关性，本部分所报告的标准误均为家庭层面聚类稳健标准误。

6.3.3 住房改革对城镇居民创业行为的影响

利用 CHNS 数据对方程（6-1）进行面板固定效应模型估计，表 6-2 为估计结果，考虑到部分控制变量计算边际系数后取值较小，所报告系数为 xtlogit 模型直接估计系数，并非边际系数。第（1）列控制组为夫妻双方居住在私有住房且均不在公有部门工作的家庭；第（2）列控制组为夫妻双方居住在私有住房且至少有一方在公有部门工作的家庭；第（3）列将上述两类控制组均作为控制组，控制组的规模得到了很大提升；第（4）~（6）列考虑到有效样本量的规模较小，采取了更为宽松的方式对处理组进行识别，处理组的样本规模得到了一定的提升。估计结果显示政策效果系数均显著为正，说明住房改革提高了个体创业概率。

表6-2　住房改革对城镇居民创业选择的影响

	(1)	(2)	(3)	(4)	(5)	(6)
	xtlogit 模型（创业者 =1；非创业者 =0）					
	控制组1	控制组2	控制组1加2	控制组1	控制组2	控制组1加2
Treat × Post	2.355***	2.694**	1.742**	1.942***	1.684**	1.791**
	(0.808)	(0.948)	(0.824)	(0.629)	(0.635)	(0.633)
Post	0.208	1.821***	0.734***	1.069***	1.641***	1.060***
	(0.298)	(0.437)	(0.246)	(0.324)	(0.345)	(0.324)
年龄	0.027	0.543***	0.218***	0.384***	0.365***	0.494***
	(0.093)	(0.156)	(0.077)	(0.115)	(0.114)	(0.111)
年龄平方	-0.062	-0.674***	-0.290***	-0.448***	-0.472***	-0.557***
	(0.102)	(0.174)	(0.085)	(0.128)	(0.127)	(0.123)
家庭规模	-0.179*	0.256*	-0.079	0.014	0.102	0.033
	(0.102)	(0.154)	(0.084)	(0.112)	(0.125)	(0.109)
经济状况	0.111	0.441**	0.205*	0.163	0.412***	0.150
	(0.141)	(0.198)	(0.117)	(0.135)	(0.153)	(0.131)
样本量	902	541	1366	992	864	1097

注：***、**、*分别表示在1%、5%、10%的水平上显著，括号内为家庭层面聚类稳健标准误。
资料来源：CHNS 数据。

6.3.4　平行趋势检验

双重差分法估计结果的可靠性取决于平行趋势检验能否通过，即如果不发生住房改革，处理组和控制组创业行为的发展趋势是否保持一致。本书虽然有三期数据在住房改革之前，但由于样本量较小，通过处理组和控制组趋势图的比较无法进行平行趋势检验。因此本书通过实证方法进行检验，设定如下的估计方程：

$$Entrepreneur\ (1,0)_{it} = g(\alpha_i + \sum_{t \geqslant 1991} \lambda_t Treat_i + \tau_t + X_{it}\beta + \varepsilon_{it}) \tag{6-2}$$

在方程（6－1）的设定中，政策效果为年度平均边际效应，在方程（6－2）中，设定每个年度的边际效应存在差异，λ_t 为 1991～2009 年七轮数据每期的边际效应，如果在政策发生点之前，即 1991 年和 1993 年，年度效应均不显著，则可以判断双重差分法的估计满足平行趋势假设。

表 6－3 为估计结果，可以发现，1991 年及 1993 年效应均不显著，而 1997 年、2000 年及 2004 年三轮数据的年度效应在大多数情况下显著为正，2006 年及 2009 年效应均不显著。实证结果说明本书的估计满足平行趋势假设，在政策发生的前中期，政策效果显著为正，但长期不存在显著效果。

表 6－3　平行趋势检验

	(1)	(2)	(3)	(4)	(5)	(6)
	xtlogit 模型（创业者 = 1；非创业者 = 0）					
	控制组 1	控制组 2	控制组 1 加 2	控制组 1	控制组 2	控制组 1 加 2
1991 年效应	-0.712	-0.742	-1.115	-1.158	-0.913	-1.172
	(0.954)	(0.953)	(0.861)	(0.746)	(0.775)	(0.739)
1993 年效应	-0.501	-0.645	0.718	-1.220	-1.055	-1.214
	(0.920)	(1.005)	(0.899)	(0.791)	(0.821)	(0.786)
1997 年效应	2.135*	-0.439	0.072	-0.661	2.604	2.685**
	(1.076)	(1.423)	(1.286)	(0.975)	(0.985)	(0.967)
2000 年效应	2.367*	2.432*	1.055	2.344**	2.293**	2.361**
	(1.287)	(1.441)	(1.304)	(0.976)	(0.991)	(0.973)
2004 年效应	2.065	2.104**	1.363	2.208**	2.041**	1.168
	(1.510)	(1.064)	(1.511)	(1.054)	(1.063)	(1.048)
2006 年效应	1.670	0.512	1.275	1.530	1.621	1.558
	(1.315)	(1.425)	(1.290)	(1.034)	(1.042)	(1.029)
2009 年效应	0.472	-0.374	0.186	-0.477	-0.361	-0.456
	(1.597)	(1.625)	(1.536)	(1.275)	(1.278)	(1.271)

续表

	(1)	(2)	(3)	(4)	(5)	(6)
	xtlogit 模型（创业者 =1；非创业者 =0）					
	控制组 1	控制组 2	控制组 1 加 2	控制组 1	控制组 2	控制组 1 加 2
控制变量	有	有	有	有	有	有
年度虚拟变量	有	有	有	有	有	有
样本量	902	541	1366	992	864	1097

注：***、**、* 分别表示在 1%、5%、10% 的水平上显著，括号内为家庭层面聚类稳健标准误。
资料来源：CHNS 数据。

以上分析中，基于我国公有部门住房改革这一能够对家庭财富造成冲击的“准自然实验”，本书利用双重差分法估计了住房改革对个体创业行为的影响，发现受住房改革影响的个体创业概率较高。

6.4 面板固定效应模型

以上分析利用双重差分法估计了住房改革对创业行为的影响，在这一部分本书利用固定效应模型重新估计了两者之间的关系。这一部分利用 CHNS 数据进行固定效应模型估计时，本书没有选择全部利用 1989 ~2009 年的八轮数据。因为在追踪调查中，不断有新样本加入，新样本中家庭住房类型大多为自有住房，因此都将归为不受住房改革范围，也就造成不受住房改革的样本规模越来越大，受住房改革影响的家庭所占比例不断下降，从而影响估计结果。本书选取的研究样本满足以下条件：限于 1993 ~2004 年四轮调查数据，且样本在 1993 年和 1997 年调查中至少出现一次的样本，在四轮调查中总计至少出现两次的样本。如此定义下，受住房改革影响家庭所占的比例相对比较稳定，在稳健性检验中，作者也利用全样本重复了研究样本的估计结果，研究结果依旧稳健。

6.4.1 模型设定

6.4.1.1 基准模型

与前文保持一致，本书被解释变量同样为个体的就业身份是否为创业者，该变量是一个取值为 0 和 1 的二元类别变量，因此本书根据以下个体层面的二元 Probit 创业选择模型，估计住房改革对个体创业选择行为的影响：

$$Entrepreneur\ (1,\ 0)_{it} = g(\alpha_i + \lambda HR_{jt} + X_{it}\beta + \varepsilon_{it}) \qquad (6-3)$$

被解释变量 Entrepreneur 为是否是创业者的虚拟变量，衡量方法与前文保持统一，这里不再赘述；HR 为是否受到住房改革的 0 ~ 1 虚拟变量，如果家庭受到住房改革的影响，则取值为 1，不受住房改革影响，则取值为 0。结合既有相关研究的界定，本书对住房改革的界定标准为：当一个家庭得到住房的方式由国家和单位分配转变为自己购买，且住房面积基本没有变化时，我们认为这个家庭受到住房改革的冲击不大。由于部分产权是对公有住房转化为家庭所有住房的特定称谓，而且也是按照成本价格出售给居民的财产，因此，我们认定拥有部分产权住房的家庭经受了住房改革的冲击。[①] 受住房

① 关于住房改革，CHNS 数据调查问卷中的问题是“你是如何得到你的住房的”。答案有：①国家的；②单位的；③租私人的；④自己的；⑤免费居住；⑥部分产权。其中，第 6 个选项（部分产权）在 CHNS 数据库中从 1997 年开始收集。该问题见于 1989 ~ 2006 年七轮问卷中，在 2009 年问卷中，有关家庭住房的问题为“你对你的住房/公寓拥有所有权吗”，0 为否，1 为是。

制度改革影响的家庭通常是购买自己原先居住的公房，因此这类家庭在购买了公房之后，其住房面积一般不会发生变化；α_i 为个体固定效应，以控制不可观测因素对估计结果的干扰；X_{it}为个体和家庭控制变量。

6.4.1.2 扩展模型——住房改革的动态影响分析

住房制度改革使城镇职工有机会持有住房资产，改变了持有者面临的流动性约束。由于住房资产还具有增值的特性，尤其是自住房改革以来，房价所经历的持续上涨，可能对城镇居民创业行为造成长期动态影响。因此在基准模型的基础上，本书还进一步考虑了住房改革对创业行为的动态影响。引入了 D_{1997}、D_{2000} 和 D_{2004}三个取值为 0 和 1 的哑变量，方程设定如下：

$$Entrepreneur\ (1,\ 0)_{it} = g(\alpha_i + \lambda_1 D_{1997} + \lambda_2 D_{2000} + \lambda_3 D_{2004} + X_{it}\beta + \varepsilon_{it}) \qquad (6-4)$$

6.4.2 住房改革对城镇居民创业行为的影响

表6－4 为估计结果，其中第（1）列为混合数据 Logit 模型估计结果，第（2）列为 xtlogit 模型估计结果，可以发现住房改革系数均显著为正。在前文利用双重差分法估计住房改革对创业行为的影响时，受限于有效样本量的规模，没有考虑住房改革对不同类型创业行为的影响。在应用面板固定效应模型进行估计时，考虑了住房改革对“自雇型”创业和“雇主型”创业的异质性影响，表6－5 发现住房改革对城镇居民选择“自雇型”创业的影响更为明显，主要是因为相对“自雇型”创业，“雇主型”创业的“准入门槛”更高，经营规模更大，也需要更多的资本投入，虽然住房改革给家庭带来了一笔“转移财富”，

提高了个体可利用的资本资源，但仍不能跨过“雇主型”创业的“准入门槛”。表 6－6 估计了住房改革对创业行为的动态影响，可以发现改革在 1997 年和 2000 年系数均显著为正，但在 2004 年系数均不显著。

以上分析是基于 1994～2004 年四轮数据的估计结果，为保证估计结果的稳健性，在表 6－7、表 6－8 和表 6－9 中，本书基于全样本重新估计了住房改革对城镇居民创业行为的影响，发现研究结论依旧稳健。

表 6－4　住房改革对城镇居民创业的影响——基准模型

	（1）	（2）
	二元 Logit（创业者＝1；非创业者＝0）	
	Logit 模型	xtlogit 模型
住房改革	0.0936*** （0.0148）	0.0348* （0.0178）
年龄	－0.0069 （0.0054）	0.0238*** （0.0085）
年龄平方	0.0012 （0.0061）	－0.0265*** （0.0090）
性别	0.1014*** （0.0129）	
婚姻状况	0.0955*** （0.0340）	
受教育水平	－0.0588*** （0.0041）	
家庭规模	0.0473*** （0.0045）	0.0012 （0.0084）
经济状况	－0.0154* （0.0086）	0.0256** （0.0110）
省份固定效应	有	有
年度固定效应	有	有
常数项	0.1806 （0.1428）	－0.5759** （0.2327）
样本量	5679	604

注：***、**、* 分别表示在 1%、5%、10% 的水平上显著，括号内为家庭层面聚类稳健标准误。
资料来源：CHNS 数据。

表6-5 住房改革对城镇居民创业的影响——多元选择模型

	(1)	(2)	(3)	(4)
	多元 Probit（以非创业者为对照组）			
	Logit 模型		xtlogit 模型	
	“自雇型”创业者	“雇主型”创业者	“自雇型”创业者	“雇主型”创业者
住房改革	0.088*** (0.011)	0.015** (0.007)	0.023* (0.012)	0.023 (0.014)
控制变量	有	有	有	有
省份固定效应	有	有	有	有
年度固定效应	有	有	有	有
常数项	0.478*** (0.152)	-0.294*** (0.096)	-0.034 (0.250)	-0.806*** (0.194)
样本量	5679	5679	445	170

注：***、**、*分别表示在1%、5%、10%的水平上显著，括号内为家庭层面聚类稳健标准误。控制变量同表6-4基准模型。

资料来源：CHNS 数据。

表6-6 住房改革对城镇居民创业的影响——长期影响

	(1)	(2)
	二元 Probit（创业者=1；非创业者=0）	
	Logit 模型	xtlogit 模型
1997 年边际效应	0.124*** (0.019)	0.100*** (0.019)
2000 年边际效应	0.049* (0.026)	0.051** (0.025)
2004 年边际效应	0.052 (0.059)	0.019 (0.047)
控制变量	有	有
常数项	0.085 (0.160)	0.277* (0.150)
样本量	5839	5859

注：***、**、*分别表示在1%、5%、10%的水平上显著，括号内为家庭层面聚类稳健标准误。控制变量同表6-4基准模型。

资料来源：CHNS 数据。

表 6－7 住房改革对城镇居民创业的影响——基于 1989～2009 年数据估计结果

	(1)	(2)
	二元 Probit（创业者 =1；非创业者 =0）	
	Logit 模型	xtlogit 模型
住房改革	0.0938*** (0.0092)	0.0436*** (0.0127)
控制变量	有	有
省份固定效应	有	有
年度固定效应	有	有
常数项	0.5890*** (0.1068)	－0.4235*** (0.1513)
样本量	11743	1933

注：***、**、*分别表示在 1%、5%、10% 的水平上显著，括号内为家庭层面聚类稳健标准误。控制变量同表 6－4 基准模型。

资料来源：CHNS 数据。

表 6－8 住房改革对城镇居民创业的影响——长期影响

	(1)	(2)	(3)	(4)
	多元 Probit（以非创业者为对照组）			
	Logit 模型		xtlogit 模型	
	“自雇型”创业者	“雇主型”创业者	“自雇型”创业者	“雇主型”创业者
住房改革	0.080*** (0.008)	0.026*** (0.005)	0.030*** (0.011)	0.028*** (0.009)
控制变量	有	有	有	有
省份固定效应	有	有	有	有
年度固定效应	有	有	有	有
常数项	0.648*** (0.099)	－0.212*** (0.062)	－0.231 (0.143)	－0.382*** (0.108)
样本量	11743	11743	1524	501

注：***、**、*分别表示在 1%、5%、10% 的水平上显著，括号内为家庭层面聚类稳健标准误。控制变量同表 6－4 基准模型。

资料来源：CHNS 数据。

表6－9 住房改革对城镇居民创业的影响——长期影响

	(1)	(2)
	二元 Probit（创业者＝1；非创业者＝0）	
	Logit 模型	xtlogit 模型
1997 年度效应	0.107*** (0.012)	0.075*** (0.013)
2000 年度效应	0.079*** (0.017)	0.063*** (0.020)
2004 年度效应	0.067*** (0.025)	0.034 (0.029)
2006 年度效应	－0.020 (0.025)	－0.037 (0.036)
2009 年度效应	－0.027 (0.021)	－0.028 (0.025)
控制变量	有	有
省份固定效应	有	有
年度固定效应	有	有
常数项	0.385*** (0.113)	0.167 (0.118)
样本量	12036	12087

注：***、**、*分别表示在1%、5%、10%的水平上显著，括号内为家庭层面聚类稳健标准误。控制变量同表6－4基准模型。

资料来源：CHNS数据。

以上分析中，基于我国公有部门住房改革这一能够对家庭财富造成冲击的“准自然实验”，本书利用面板固定效应模型估计了住房改革对个体创业行为的影响，发现受住房改革影响的个体创业概率较高，且住房改革对个体进入“自雇型”创业的影响更为明显。

6.5 本章小结

基于我国公有部门住房改革这一对家庭财富造成冲击的“准自然实验”，本章对财富与创业的关系进行了进一步的检验。分别利用双重差分法和面板固定效应模型两种识别方法估计住房改革对个体创业行为的影响，两种方法估计结果保持一致，受住房改革影响家庭的创业率也有了明显提升。由于住房改革相当于给受影响家庭提供了一笔数量可观的“财富转移”，这也就进一步为财富与创业的关系提供了更科学的检验。

第 7 章　创业行为与个体效用

本书重点解决了两个问题：第一是家庭财富对创业行为的影响，第二是创业行为对个体效用的影响。第 4 章至第 6 章，本书对第一个问题从理论和实证方面重点进行了回答。在这一部分本书重点评估创业行为对个体效用的影响，即创业究竟给个体带来了哪些好处？对我国居民的创业回报进行研究，一方面有助于理解我国居民的创业动机，是基于“高收入”特性，还是基于“非货币性效用”特性，即判断我国居民的创业决策机制；另一方面可以检验我国当前经济环境是否有利于创业，从而为政府创业政策的实施提供参考。

7.1　创业行为与个体效用

——基于 CHIP 数据的基准估计

7.1.1　数据

检验创业行为对个体效用影响时，基准估计所用数据依然为 CHIP

2008 数据，有效样本的筛选标准也与前文保持一致，在这里不再进行赘述。[①]

7.1.2 模型设定

为了考察创业的货币和非货币回报，本书设定如下回归方程：

$$Y_i = \alpha + \gamma Selfem\ (1,\ 0)_i + X_i\beta + \varepsilon_i \tag{7-1}$$

Y 为个体从事此项工作的回报，包括货币回报和非货币回报。结合既有相关研究及数据的可得性，本书选用劳动者月收入的对数衡量货币回报[②]，这一数据在调查问卷中可以直接获取。选用工作时间、工作满意度及收入满意度衡量非货币回报。工作时间为周工作小时数，在问卷中可以直接获取。满意度的数据来源于问卷中如下问题“考虑下列各个方面：①您的主要工作；②您工作的收入；③您家庭的经济情况。请您就满意程度打分：①非常不满意；②不太满意；③一般；④满意；⑤非常满意”。本书用工作和收入两方面的满意度衡量劳动者的非货币回报，满意度是取值为 1 ~ 5 的有序类别变量，取值越大，代表满意度越高。但满意度指标存在一定的局限性，该调查出现在家庭问卷中，回答人为户主或其配偶，通过数据匹配发现超过 90% 的回答者是户主，户主在承担家庭责任、对工作的态度和依赖性等方面与家庭其他成员存在比较大的差别，因此在估计非货币回报

---

① 第 5 章估计财富对创业行为的影响时，基准估计同样为 CHIP 2008 数据。在数据处理方面，该部分与前文保持统一。

② 月收入除外，创业者和工资获得者的工作强度也存在明显差异，创业者普遍工作时间更长，因此小时收入更能反映创业活动所带来的收入差异。在既有研究创业收入回报的文献中，有研究考虑采用小时收入作为被解释变量（宁光杰，2012），也有研究同时考虑月收入及小时收入（Levine and Rubinstein, 2017）。本书采用月收入作为被解释变量，但同时将工作强度（工作时间）作为控制变量加入收入决定方程。在本书中如果采用小时收入反映收入水平，研究结论依旧稳健。

时，本书所使用的样本不具有整体劳动力的代表性，估计结果也存在一定的偏差。[①]

Selfem（1，0）为核心解释变量——是否是创业者，该变量为取值为0和1的二元类别变量，若受访对象对当前工作类别的回答是创业者，则等于1；若为工资获得者，则为0。创业者的定义与前文保持一致，这里不再展开介绍。*Selfem*（1，0）系数为本书关注的焦点，若系数显著为正，则可以判断存在显著正向回报。X为控制变量，包括性别、年龄、年龄平方、婚姻状况、人力资本、企业家精神、社会网络、工作强度、工作经验和城市固定效应。

在基准模型的基础上，本书进一步讨论了不同类型创业活动对劳动者货币回报和非货币回报的异质性影响。与前文保持统一，同样根据“家庭以外雇员数量是否为0”将创业者分为“自雇型”创业者和“雇主型”创业者。考虑了创业者内部异质性后，本书设定了如下三部门的创业回报决定方程：

$$Y_i = \alpha + \gamma_1 Selfemployer\,(1,\ 0)_i + \gamma_2 Employer\,(1,\ 0)_i + X_i\beta + \varepsilon_i \tag{7-2}$$

以工资获得者为对照组，*Selfemployer*（1，0）为是否是“自雇型”创业者的虚拟变量，*Employer*（1，0）为是否是“雇主型”创业者的虚拟变量。被解释变量和控制变量定义同方程（7－1）。主要变量定义如表7－1所示。

① 进行实证估计时，由于货币回报——收入为连续变量，适用于OLS估计，非货币回报——满意度为有序类别变量，应该采用Ordered Probit模型进行估计，但有序Probit模型边际系数的计算较为复杂，需要利用非参数估计，且该模型在考虑内生性的情况下无法直接使用，因此全文统一采用OLS模型估计非货币回报。利用OLS模型直接进行估计和利用Ordered Probit模型估计后取边际系数，无论是边际系数还是统计显著性均比较相似。

表 7－1　变量列表

变量类型	变量名	定义
被解释变量	货币回报	月收入对数：从当前主要工作中平均每月得到总收入的对数（元）
	非货币回报	工作时间，对工作和收入的满意度，取值范围为 1～5，数值越大，满意度越高
核心解释变量	创业者	从事自我经营活动
	“自雇型”创业者	从事自我经营活动且家庭以外雇员数量为 0
	“雇主型”创业者	从事自我经营活动且家庭以外雇员数量大于等于 1
控制变量	年龄	单位：岁
	年龄平方	年龄平方/100
	男性	男性 = 1；女性 = 0
	已婚	已婚 = 1；未婚 = 0
	自评健康	一般及以上 = 1；不好或非常不好 = 0
	受教育水平	受教育年限（年）
	决策能力	“觉得自己做事”取值范围为 1～4，数值越大，决策能力越强
	自信	“经常对自己没有信心”取值范围为 1～4，数值越大，自信心越强
	风险偏好①	非常厌恶风险（0～2 分）、轻度厌恶风险（3～4 分）、风险中立（5 分）、轻度偏好风险（6～7 分）和非常偏好风险（8～10 分）
	工作强度	每周工作小时数（时）
	工作经验	从事该份工作的时间（年）
	社会网络	过去一年给你帮过忙的人（人）
工具变量	家庭规模	户主的兄弟姐妹数量（人）
	财富外生冲击	过去一年家庭有没有发生过结婚、生大病或意外伤害、家里盖房/买房事件 发生过 = 1；没有发生过 = 0
	创业氛围	以城市划分：创业者在全部就业人员中所占比例（%）

资料来源：CHIP 2008 数据。

① CHIP 2008 数据中，对个体的冒险程度进行了调查，将冒险程度按由低到高顺序分成从 0 到 10 的不同等级，0 代表“绝对不做冒险事”，10 代表“非常喜欢做冒险事”。本书依据该打分情况，将个体的风险偏好分为以下五个等级：非常厌恶风险（0～2 分）、轻度厌恶风险（3～4 分）、风险中立（5 分）、轻度偏好风险（6～7 分）和非常偏好风险（8～10 分）。

7.1.3　描述性统计

表 7－2 给出了分组描述性统计结果，比较了主要变量在创业者与工资获得者，以及“自雇型”创业者与“雇主型”创业者之间的差别。创业者在劳动力市场表现、个体特征等方面均与工资获得者存在差异。

表 7－2　描述性统计

变量	总体	创业者	“自雇型”创业者	“雇主型”创业者	工资获得者
月收入（元）	2672	3138	2224	4487	2627
周工作时间（小时）	43.85	57.22	58.64	55.15	42.54
小时收入（元）	17.33	15.87	10.70	23.49	17.47
工作满意度	2.734	2.875	2.993	2.667	2.719
收入满意度	3.038	3.086	3.239	2.818	3.033

资料来源：CHIP 2008 数据。

从货币回报来看，创业者的月平均收入及工作强度（周工作时间）均高于工资获得者，考虑到创业者工作时间更长，小时收入更能反映创业活动所带来的收入差异，对比发现创业者的小时收入略低于工资获得者，说明创业者的高收入在很大程度上是通过更多的劳动时间实现的。对比“自雇型”创业者和“雇主型”创业者发现，两者在劳动力市场上的表现存在较为明显的差异，“雇主型”创业者月收入及小时收入均远高于“自雇型”创业者。在实证分析中有必要考虑创业者群体的内部异质性。从收入分布来看，通过图 7－1 两部门的月收入分布密度函数图可以发现，工资获得者收入的密度函数图峰值明显高于创业者，说明工资获得者的收入分布更为集中，也就是内部差异更小。而创业者的收入分布呈现明显的厚尾特征，即分布在较高收入水平的概率更大。图 7－2 考虑了创业者群体的内部异质性，引入三部门的月收入分布密度函数图可以发现，“雇主型”创业者的厚尾分布特征更为明显，而“自雇型”创业的收入分布特征类似于工资获得者。

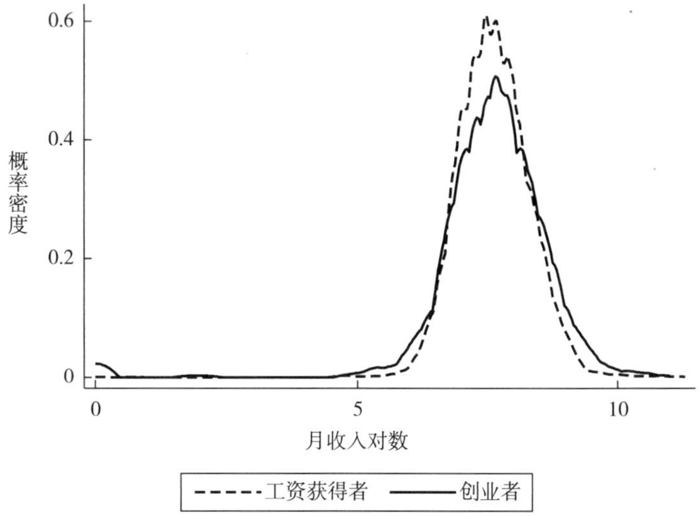

图 7-1　创业者与工资获得者收入差异

资料来源：CHIP 2008 数据。

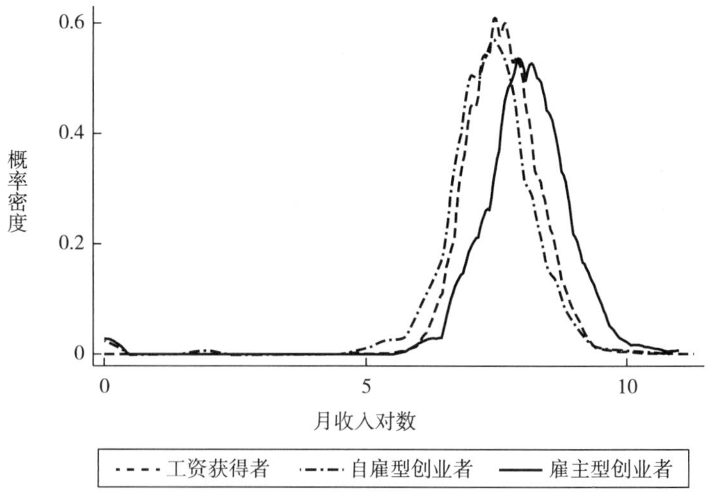

图 7-2　工资获得者、“自雇型”创业者与“雇主型”创业者收入差异

资料来源：CHIP 2008 数据。

从非货币回报来看，基于工作满意度和收入满意度两个方面的比较，创业者均略高于工资获得者，且“自雇型”创业者的非货币回报要明显高于“雇主型”创业者。

7.1.4　创业的货币回报

7.1.4.1　基准估计结果

本书首先估计创业的货币回报，利用 OLS 模型对劳动者收入决定方程（7-1）进行估计，估计结果如表 7-3 所示。考虑到同一城市不同样本干扰项可能存在相关性，本书在利用 CHIP 2008 数据进行的所有估计方程中，均采用城市层面聚类稳健标准误。第（1）列为基准模型估计结果；考虑到主观报告的收入可能存在偏差以及数据登记可能存在误差，为了控制收入离群值对估计结果产生的干扰，本书对劳动者收入按照上下 1% 进行了缩尾处理，第（2）列为估计结果。

表 7-3　创业与收入——基准模型及分位数估计结果

变量	(1)	(2)	(3)	(4)	(5)
	月收入对数				
创业者	0.143**	0.230***	0.064	0.268***	0.384***
	(0.068)	(0.037)	(0.039)	(0.039)	(0.043)
年龄	0.022**	0.019**	0.015	0.019*	0.017
	(0.010)	(0.008)	(0.011)	(0.011)	(0.012)
年龄平方	-0.041***	-0.035***	-0.033**	-0.034***	-0.033**
	(0.012)	(0.010)	(0.013)	(0.013)	(0.014)
性别	0.207***	0.204***	0.211***	0.227***	0.192***
	(0.022)	(0.017)	(0.022)	(0.022)	(0.024)

续表

变量	(1)	(2)	(3)	(4)	(5)
	月收入对数				
婚姻状况	0.165*** (0.050)	0.146*** (0.036)	0.154*** (0.051)	0.140*** (0.050)	0.120** (0.056)
受教育水平	0.067*** (0.004)	0.059*** (0.003)	0.060*** (0.004)	0.073*** (0.004)	0.072*** (0.004)
健康状况	0.200*** (0.071)	0.171*** (0.047)	0.118 (0.078)	0.113 (0.077)	0.257*** (0.086)
决策能力	0.070*** (0.022)	0.076*** (0.017)	0.075*** (0.023)	0.085*** (0.023)	0.083*** (0.025)
自信	0.049** (0.023)	0.053*** (0.017)	0.061*** (0.023)	0.047** (0.023)	0.027 (0.025)
风险偏好	0.052*** (0.009)	0.046*** (0.007)	0.053*** (0.009)	0.044*** (0.009)	0.059*** (0.010)
工作经验	0.020*** (0.001)	0.018*** (0.001)	0.018*** (0.001)	0.021*** (0.001)	0.022*** (0.001)
工作强度	0.020*** (0.001)	0.010*** (0.001)	0.010*** (0.001)	0.010*** (0.001)	0.01*** (0.001)
社会网络	0.004** (0.002)	0.003** (0.002)	0.002 (0.002)	0.003 (0.002)	0.004* (0.002)
城市固定效应	有	有	有	有	有
常数项	5.097*** (0.207)	5.441*** (0.176)	5.356*** (0.245)	5.408*** (0.242)	5.712*** (0.269)
样本量	3793	3793	3793	3793	3793

注：***、**、*分别表示在1%、5%、10%的水平上显著。
资料来源：CHIP 2008 数据。

观察核心解释变量——是否创业者估计系数可以发现，在其他条件相同的情况下，创业者收入比工资获得者平均高出14.3%。从收入角度看，创业是优于工资性工作的，创业是个体的理想就业选择。虽然在国外研究中，创业收入回报大多数情况下都为负，但在国内研究中，尽管不同文献采取的数据、研究的对象存在一定差异，但创业能够带来收入溢价的结论是相对稳健的。观察其他控制变量的系数发现，年龄与收入呈现倒U形关系，随着年龄的增长，一方面其工作经验、工作能力等均得到了提升，但另一方面其身体状况、工作专注度等会不断下降；男性月收入比女性高约20%；已婚群体的平均收入更高；健康和受教育水平能够带来更多的收入，这与经典的人力资本理论一致；反映企业家精神的决策能力、自信和风险偏好都有益于收入的增加；社会网络也有益于提高个体收入，这些结论与既有相关研究的结论保持一致。

7.1.4.2　考虑收入分布特征的估计结果

既有文献不仅对创业活动和工资性工作的平均收入水平展开了研究，还对收入的分布特征进行了分析，研究发现相对于工资获得者，创业者收入分布的方差较大且明显右偏（Evans and Leighton，1989a；Hamilton，2000），也就是说创业者群体收入内部差异更大，且在较高收入水平上分布更多。基于两部门的收入分布密度函数图7-1也可以发现，创业者收入分布呈现比较明显的厚尾分布特征。

基于OLS的回归结果只能获得创业者与工资获得者收入差异的平均值，无法分析两者在不同收入分位点上差异的变动趋势，因此在表7-3的第（3）~（5）列中利用分位数回归报告了创业者与工资获得者在不同收入分布水平上存在的收入差异。第（3）~（5）列分别为0.25、0.5及0.75收入分位点的估计结果，在0.25收入分位点上，创业者的系数虽然为正，但不显著，0.5和0.75两个分位点，表明创业者身份系数均显著为正，且后者明显高于前者。在较低收入分布水平上，创业活动可能不存在显著的收入溢价，创业并不能提高个体收入。

随着分位数的增加，创业活动相对于工资性工作活动，开始存在显著的收入溢价，且不同分位点回归系数呈现上升的趋势，这表明收入水平越高，创业活动的溢价性收入越高。进一步把随着分位数水平提高，回归系数的变化趋势更直观地显示出来，结果如图 7－3 所示，可以发现随着分位点水平的提高，创业者变量估计系数呈现比较明显的变大趋势。

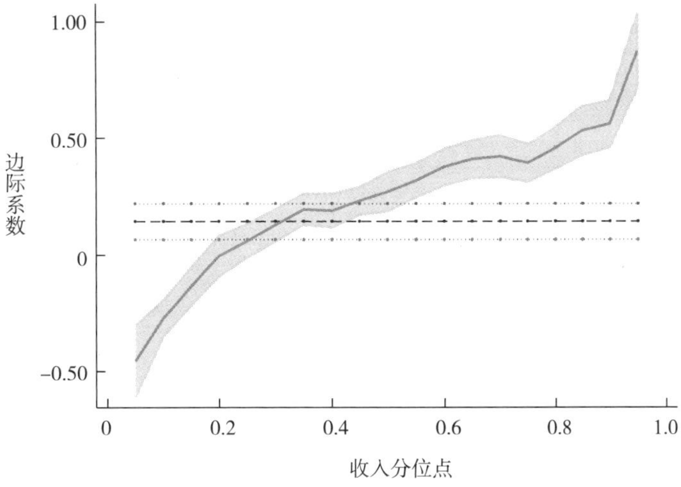

图 7－3　分位数回归系数的变化

资料来源：CHIP 2008 数据。

7.1.4.3　考虑自选择问题的估计结果

以上 OLS 估计结果可能是有偏的，回归方程的设定可能因遗漏变量和双向因果关系而存在内生性问题。一方面，现实中一些不可观测或难以进行度量的因素（如经商能力、认知能力等）不仅会影响到个体收入，还会影响个体的创业选择。如认知能力会影响个人在劳动力市场的表现（Heckman et al.，2006），但认知能力也会通过信息搜集和处理成本、风险态度、风险感知以及识别创业机会四种机制影响个人创业决策（李涛等，2017）。在实证方程的设定中，难以对上述因素进行全面准确的量化，因此就有可能存在因为遗漏变量导致的内生性问题。另一方面，本书数据为单一年度截面数据，创业者身份的识别是依据个体在接受调查时的就业身份，无法准确判断其创业活动的起始时间。创业收入越低，创业者会选择退出创业活动，选择相对收入更高的就业方式，而创业收入越高，则越容易持续从事创业活动，因此在被确定为创业者的受访者更可能是经过"优胜劣汰"选择的、表现优异的创业者，也就存在由于双向因果关系导致的自选择问题。

自选择偏差的存在会造成估计结果的偏误，有研究发现选择性问题是正向的（Bernhardt，1994；Hamilton，2000；曹永福等，2013；宁光杰，2012），即不考虑内生性的估计结果会高估创业对收入的影响；有些发现是负向的（Evans and Leighton，1989a；Hartog et al.，2010；潘春阳等，2016）；也有研究发现是双峰分布的（Blanchflower，2000；Astebro et al.，2011），即能力最高的和最低的两个极端群体更容易选择创业。既有研究中，常用的纠正自选择偏差的方法包括：倾向得分匹配、先估计选择方程计算选择偏差系数纠正选择性问题以及应用面板固定效应模型。针对可能存在的自选择问题，本书考虑采用处理效应模型和倾向得分匹配两种方法缓解潜在的内生性问题。

（1）处理效应模型。处理效应模型原理类似于两阶段工具变量法，但内生解释变量为离散变量时，前者的估计效果更好（Maddala，1983；Greene，2008）。因为第一阶段估计选择方程时，被解释变量为二元类别变量，需要采用二元选择模型（Probit 或 Logit）进行估计，而不是最小二乘估计（OLS），这也是处理效应模型和两阶段工具变量法的唯一差别。[1] 处理效应模型的估计方法如下：第一步估计处理方程（7－4），即估计个体创业决策方程，计算每个个体的创业概率。其中控制变量 Z 不仅包括方程（7－3）中的一般控制变量 X，还包括不少于内生变量个数的外生性排他变量；第二步，将创业代入收入决定方程（7－3）并进行估计，创业概率的估计系数 γ 反映了考虑内生性问题后创业对收入的平均因果效应。

收入决定回归方程：

$$lincome_i = \alpha_1 + \gamma Selfem\,(1,\ 0)_i + X_i\beta + \varepsilon_i,\ \ \varepsilon_i \sim N(0,\ \delta^2) \qquad (7-3)$$

处理方程：

$$Selfem\,(1,\ 0)_i = \alpha_2 + Z_i\phi + u_i,\ \ u_i \sim N\,(0,\ 1) \qquad (7-4)$$

在应用处理效应模型时，选择方程需要引入外生性排他变量，即只影响个体创业选择而不通过其他渠道影响个体收入的工具变量。根据工具变量的选取标准，本书选取了两个家庭特征变量和一个城市特征变量作为创业者身份的工具变量，分别为家庭规模、财富外生冲击以及创业氛围。一般而言，家庭规模越大，社会关系网的规模就越大，个体在面临创业选择时更容易获取外部创业资源及识别潜在创业机会，从而创业的可能性更高。[2] 本书选用户主的兄弟姐妹数量衡量家庭规模；创业活动需要资本投入，在面临创业选择时，个人可以获取的资本资源越多，创业的概率就越大（Blanchflower and Oswald，1998；Hurst and Lusardi，2004；Blattman et al.，2014）。本书借鉴 Frijters 等（2011）的方法，用“过去一年家庭有没有发生过结婚、生大病或意外伤害、家里盖房/买房事件”作为家庭财富衡量指标，如果有任何一

① 相应地，在多元处理效应模型中，第一阶段估计为多元 Probit 模型。

② 较多研究也验证了社会网络在个体创业决策中发挥的重要作用（马光荣和杨恩艳，2011；王春超和冯大威，2018）。

件事发生过，则取值为1，否则取值为0。以上三种事件的发生均会对家庭财富产生一个外生的、负向的冲击，导致家庭财富的减少，从而降低创业概率[①]；创业氛围越好，个体对创业的偏好越强，也就具有更强的创业动机（Guiso et al.，2015）。本书选用分城市计算的创业者所占比例衡量城市创业氛围。[②] 户主的兄弟姐妹数量、过去一年家庭发生的重大事件及创业氛围均不受个体收入的影响。

理论上讲，家庭规模及创业氛围与创业者身份应该存在正相关关系，家庭财富的外生冲击与创业者身份存在负相关关系，三者均不受个体收入的影响，因此符合相关性和外生性要求。表7－4第（1）列为处理效应模型第一阶段估计结果，结果显示家庭规模及创业氛围估计系数均为正，家庭财富的外生冲击系数为负，且均在1%的水平上统计显著，第一阶段回归的F统计量远远超过了10的经验门槛值，保证了工具变量的有效性。[③]

表7－4第（2）列为考虑内生性的两部门估计结果，选择偏差系数显著为正，说明忽略样本选择偏差将会高估创业对个体收入的影响。平均处理效应模型估计结果依然与前文保持一致，即创业能够显著提高个体收入。

---

① 为了保证估计结果的稳健性，除了应用三种事件的发生作为外生事件以外，本书也分别拿三种事件单独作为外生事件放入估计方程，研究结论依旧稳健。

② 针对地区创业氛围的衡量，有研究利用宏观数据进行衡量，如李宏斌（2005）利用省份私营和个体经济就业人员数占总就业人员数的比重衡量创业氛围。作者采用微观数据进行计算主要是基于以下考虑：一方面，计算城市创业氛围的指标存在缺失；另一方面，本书研究对象为城镇居民而非城市整体。

③ 为进一步检验工具变量的有效性，在stata中通过命令“ivreg 2”对本书所选取的三个工具变量进行了弱工具变量检验和过度识别检验，Cragg－Donald沃尔德F统计量为13.098，拒绝工具变量是“创业者身份”的弱工具变量的原假设。最后，过度识别检验Hansen J统计量为1.469（p＝0.2255），不拒绝三个工具变量均为外生变量的原假设。但利用命令“ivreg 2”进行上述检验存在一定的问题，“ivreg 2”命令适应于线性估计方程，而在处理效应模型中，第一阶段为非线性Probit估计。

表 7-4　创业与收入——处理效应模型

变量	(1)	(2)
	第一阶段	第二阶段
创业者		0.157** (0.076)
选择偏差系数		0.08*** (0.011)
家庭规模	0.003*** (0.001)	
财富外生冲击	-0.037** (0.018)	
创业氛围	0.009*** (0.002)	
控制变量	有	有
常数项	-0.206 (0.197)	5.569*** (0.353)
样本量	2386	2381

注：***、**、*分别表示在1%、5%、10%的水平上显著。回归方程中加入了与表6-3基准模型相同的控制变量，限于篇幅以及结果重复性不再报告。第一阶段估计结果为利用Probit模型估计创业选择方程的结果，且所报告系数为边际系数。

资料来源：CHIP 2008数据。

（2）倾向得分匹配。倾向得分匹配是一种基于观测数据分析变量间因果关系并且能够有效地控制样本选择偏差的数据处理方法（Rosenbaum and Rubin，1983）。其原理为：首先利用Probit模型估计创业决策方程，从而得到个体进入处理组（创业者组）的条件概率——倾向得分值，倾向得分值可以理解为在给定一系列可能影响因素的情况下个体选择创业的条件概率。本书提取年龄、性别、婚姻状况、受教育水平、健康状况、决策能力、自信、风险偏好、工作经验、工作强度及社会网络等作为解释变量纳入创业决策的Probit模型；然后根据倾向得分值进行匹配，将处理组与控制组加以配对，并估计匹配后两组之间的平均差距。如果平衡性检验得以通过，那么这一平均差距就反映了创业对收入的平均因果效应。

表7 –5 报告了匹配效果。匹配后所有变量的标准化偏差均小于10%，而且大多数变量 t 检验的结果不拒绝处理组与控制组无系统差异的原假设。图7 –4 和图7 –5 分别为各变量的标准化偏差图示及倾向得分的共同取值范围。从图7 –4 可以直观地看出，大多数变量的标准化偏差在匹配后缩小了，这表示匹配结果较好地平衡了数据；从图7 –5 可以看出，大多数观测值均在共同取值范围内，故在进行倾向得分匹配时仅会损失少量样本。表7 –6 为利用倾向得分匹配方法缓解潜在的样本选择偏差后的估计结果，采用不同的匹配方法，估计结果没有显著变化，创业者身份对收入的影响依然显著为正，且系数高于不考虑内生性的基准估计结果。

表7 –5　倾向得分匹配结果

		处理组均值	控制组均值	偏差	偏差降低比例	t 统计量	p 统计量
年龄	匹配前	37.288	35.568	17.000		4.780	0.000
	匹配后	37.274	36.565	7.000	58.800	1.800	0.072
男性	匹配前	0.533	0.590	-11.500		-2.660	0.008
	匹配后	0.532	0.546	-2.600	334.800	-0.800	0.423
已婚	匹配前	0.907	0.718	50.100		13.390	0.000
	匹配后	0.906	0.881	6.700	86.700	1.900	0.058
受教育水平	匹配前	9.113	11.126	-66.800		-19.140	0.000
	匹配后	9.148	8.918	7.600	88.500	1.870	0.062
健康状况	匹配前	0.980	0.984	-2.900		-0.910	0.364
	匹配后	0.979	0.971	6.300	-117.600	1.250	0.211
决策能力	匹配前	0.500	0.454	9.200		2.800	0.005
	匹配后	0.497	0.534	-7.500	18.600	-1.730	0.083
自信	匹配前	0.612	0.586	5.400		1.620	0.105
	匹配后	0.611	0.634	-4.600	14.400	-1.070	0.284
风险偏好	匹配前	2.400	2.333	5.000		1.540	0.123
	匹配后	2.396	2.392	0.300	94.400	0.060	0.949
工作经验	匹配前	7.076	8.324	-15.400		-4.080	0.000
	匹配后	7.112	7.319	2.100	3.700	1.510	0.135
工作强度	匹配前	70.639	48.802	130.600		44.65	0.000
	匹配后	70.155	70.952	-4.800	96.300	-0.990	0.322

续表

		处理组均值	控制组均值	偏差	偏差降低比例	t 统计量	p 统计量
社会网络	匹配前	3.524	3.979	-11.900		-3.480	0.001
	匹配后	3.530	3.401	3.400	71.700	0.810	0.419

资料来源：CHIP 2008 数据。

表 7－6 创业与收入——倾向得分匹配

变量	(1)	(2)	(3)
	月收入对数		
	最近邻匹配	卡尺匹配	核匹配
创业者	0.227***	0.172***	0.177***
	(0.073)	(0.074)	(0.068)
控制变量	有	有	有
样本量	3800	3800	3800

注：***、**、*分别表示在 1%、5%、10% 的水平上显著。回归方程中加入了与表 7－3 基准模型相同的控制变量，限于篇幅不再报告。

资料来源：CHIP 2008 数据。

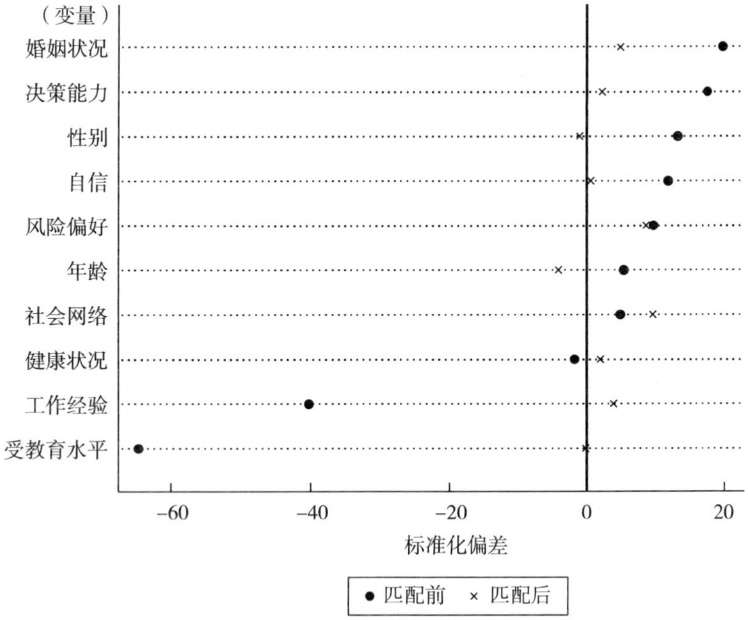

图 7－4 各变量的标准化偏差图示

资料来源：CHIP 2008 数据。

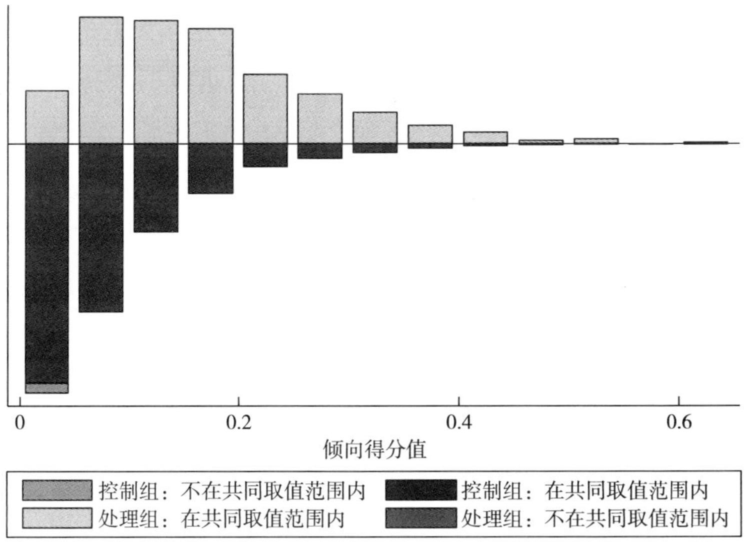

图7-5 倾向得分的共同取值范围

资料来源：CHIP 2008 数据。

7.1.4.4 异质性创业活动与收入回报

以上分析只考虑了创业和工资性工作两种就业类型，没有考虑创业活动内部的异质性，创业活动内部的差异有可能大于创业活动和工资性工作之间的差异。前文描述性统计结果显示，创业者和工资获得者的月平均收入分别为3138元和2627元，而“自雇型”创业者和“雇主型”创业者的月平均收入分别为4487元和2224元，从图7-2中也可以看出上述规律，“自雇型”创业者和“雇主型”创业者的收入差异远远高于创业者和工资获得者。因此，在实证分析中区分不同类型创业活动的收入回报就显得尤为必要。

因此基于扩展的收入决定方程（7-2），本书进一步研究了不同类型创业活动对收入的异质性影响。表7-7为估计结果，第（1）列为OLS估计结果，第（2）列为考虑内生性的多元处理效应模型估计结果，工具变量选取同处理效应模型。[①] 结果显示“自雇型”创业均不能显著提高个体收入，而“雇主型”创业则存在显著的溢价收入。从事“雇主型”创业的个体，一般在劳动力市场上享有足够就业机会，他们从事创业的动机更多的是主动追求更高的收入，因此创业带来的溢价收入更为明显。但对于以实现就业为主要目的并从事“自雇型”创业的个人来说，他们往往是就业市场的弱势群体，“自雇型”创业往往是这部分个人缺乏正规就业机会的被动选择，他们从事创业的动机更多的是实现就业，因此创业对其收入的提升并不明显。

表7-7　不同类型创业活动对收入的异质性影响

变量	(1)	(2)
	OLS 估计	多元处理效应模型
“自雇型”创业	-0.042 (0.075)	-0.062 (0.109)
“雇主型”创业	0.494*** (0.102)	0.577*** (0.119)
选择偏差系数1		0.011 (0.029)
选择偏差系数2		-0.050** (0.025)
控制变量	有	有
样本量	3796	2385

注：***、**、*分别表示在1%、5%、10%的水平上显著。控制变量同表6-3基准模型，限于篇幅和重复性不再进行报告。

资料来源：CHIP 2008 数据。

① 多元处理效应模型在stata中通过命令“mtreatreg”实现。

7.1.5　创业的非货币回报

7.1.5.1　估计结果及解释

以上分析讨论了创业的货币回报，本书进一步从非货币回报的角度探索创业行为对个体效用的影响。前文描述性统计结果显示，对于工作时间、收入满意度和工作满意度三个反映非货币回报的指标，创业者群体均值均略高于工资获得者群体。表7－8为基准模型估计结果，表7－9为利用处理效应模型解决自选择偏差后的估计结果，表7－10为考虑不同类型创业活动非货币回报的估计结果。在前文中，已经对上述方法进行过详细的交代，这里不再进行重复介绍。表7－8基准模型估计结果显示，创业者月工作时间比工资获得者多10个小时，对收入的满意度也高于工资获得者，但两者在工作满意度方面不存在显著差异。这可能是由于工作满意度不仅取决于收入的高低，还取决于时间和精力付出的多少、收入的不确定性等因素。表7－9处理效应模型估计结果显示，对于周工作时间、收入满意度和工作满意度三个反映非货币回报的指标，创业者均显著高于工资获得者；表7－10汇报了不同类型创业活动对非货币回报的影响，可以发现，“自雇型”创业在周工作时间和收入满意度方面均显著高于工资获得者，但在工作满意度与工资获得者方面不存在显著差别；“雇主型”创业周工作时间显著高于工资获得者，但工作满意度显著低于后者，对于收入满意度两者不存在显著差异。

7.1.5.2　考虑满意度衡量偏差

以上估计中，收入满意度和工作满意度均为取值1～5的有序类别指标。但满意度为主观报告的指标，在对受访者进行调查时可能存在度量误差。并且在既有估计创业非货币回报的研究中，也有较多文献考虑将有序类别变量转化为 0 ~ 1 虚拟变量以缓解衡量误差。因此本书将收入和工作满意度转换为虚拟变量，并利用二元 Probit 模型按照上述实证过程重新进行了估计，从而保证估计结果的稳健性。转换方法如下：非常不满意和不满意取值为 0，满意和非常满意取值为 1。舍弃满意度为一般的，以便更好地将两组样本的满意度区分开。在表 7－11 和表 7－12 中，本书将满意度转换为虚拟变量，重新估计了创业的非货币回报，研究结论与前文保持一致。

7.1.5.3　考虑满意度数据缺失

RUMIC 2008 数据对满意度的调查，出现在家庭问卷中，回答人为户主或配偶，本书计算发现有超过 90% 的回答人为户主，其他劳动力满意度的数据是缺失的。户主不同于家庭中其他劳动力，需要承担更多的家庭责任，对工作收入、时间灵活性等方面的要求也不同，因此对满意度的估计不能反映全部劳动力创业的非货币回报。基于此，在表 7－13 和表 7－14 中，本书将满意度作为家庭数据处理，与其他变量进行匹配，同一个家庭中所有个体满意度相同，且估计结果显示，系数及显著性与前文存在明显差别。因此本书对于创业货币回报的估计存在严重的问题，估计结果不能直接作为参考，有必要寻求能够反映所有劳动者非货币回报的数据进行验证。

表 7－8　创业的非货币回报——基准模型

变量	(1)	(2)	(3)
	周工作时间	收入满意度	工作满意度
创业	10.278 ***	0.115 **	-0.017
	(0.572)	(0.057)	(0.061)

续表

变量	(1)	(2)	(3)
	周工作时间	收入满意度	工作满意度
年龄	0.072	-0.001	0.056***
	(0.118)	(0.019)	(0.020)
年龄平方	-0.173	0.000	-0.064***
	(0.138)	(0.022)	(0.023)
性别	1.432***	0.024	0.095**
	(0.241)	(0.036)	(0.037)
婚姻状况	0.689	0.035	-0.362***
	(0.497)	(0.131)	(0.140)
受教育水平	-0.291***	-0.024***	-0.039***
	(0.042)	(0.006)	(0.007)
健康状况	-1.662	-0.258**	-0.149
	(1.090)	(0.113)	(0.118)
决策能力	0.075	-0.007	-0.101***
	(0.244)	(0.035)	(0.037)
自信	-0.368	-0.201***	-0.186***
	(0.247)	(0.035)	(0.037)
风险偏好	-0.052	-0.009	-0.013
	(0.095)	(0.015)	(0.016)
工作经验	-0.054***	-0.007***	-0.008***
	(0.013)	(0.002)	(0.002)
社会网络	-0.010	0.002	0.004
	(0.023)	(0.003)	(0.003)
城市固定效应	有	有	有
常数项	50.448***	3.323***	3.101***
	(2.667)	(0.446)	(0.450)
样本量	3801	2376	2389
拟合优度	0.226	0.052	0.074

注：***、**、*分别表示在1%、5%、10%的水平上显著。
资料来源：CHIP 2008 数据。

表 7－9 创业的非货币回报——处理效应模型

变量	(1)	(2)	(3)
	周工作时间	收入满意度	工作满意度
创业	11.361 *** (0.785)	1.293 *** (0.098)	1.100 *** (0.148)
-0.639 *** 选择偏差系数	-0.036 * (0.020)	(0.048)	-0.707 *** (0.071)
控制变量	有	有	有
样本量	2386	2373	2386

注：***、**、* 分别表示在 1%、5%、10% 的水平上显著。控制变量同表 7－8 基准模型，限于篇幅和重复性不再进行报告。

资料来源：CHIP 2008 数据。

表 7－10 创业的非货币回报——考虑创业异质性

变量	(1)	(2)	(3)
	周工作时间	收入满意度	工作满意度
“自雇型” 创业	11.456 *** (0.717)	0.220 *** (0.072)	0.121 (0.074)
“雇主型” 创业	8.236 *** (0.882)	-0.051 (0.083)	-0.226 ** (0.090)
控制变量	有	有	有
样本量	3797	2373	2386

注：***、**、* 分别表示在 1%、5%、10% 的水平上显著。控制变量同表 7－8 基准模型，限于篇幅和重复性不再进行报告。

资料来源：CHIP 2008 数据。

表 7－11 创业的非货币回报——基准模型和处理效应模型（虚拟变量）

变量	(1)	(2)	(3)	(4)
	不考虑内生性		考虑内生性	
	收入满意度	工作满意度	收入满意度	工作满意度
创业	0.086 * (0.045)	-0.007 (0.046)	0.844 *** (0.060)	0.375 (0.622)

续表

变量	(1)	(2)	(3)	(4)
	不考虑内生性		考虑内生性	
	收入满意度	工作满意度	收入满意度	工作满意度
选择偏差系数			-0.846*** (0.016)	-0.414 (0.624)
控制变量	有	有	有	有
样本量	1338	1319	1336	1317

注：***、**、*分别表示在1%、5%、10%的水平上显著。被解释变量均为0~1虚拟变量，因此采用二元 Probit 模型进行估计，表中报告系数均为边际系数。控制变量同表7-8基准模型，限于篇幅和重复性不再进行报告。

资料来源：CHIP 2008 数据。

表7-12 创业的非货币回报——考虑创业异质性（虚拟变量）

变量	(1)	(2)	(3)	(4)
	不考虑内生性		考虑内生性	
	收入满意度	工作满意度	收入满意度	工作满意度
“自雇型”创业	0.179*** (0.059)	0.080 (0.054)	0.189*** (0.014)	-0.166 (0.103)
“雇主型”创业	-0.046 (0.060)	-0.157** (0.074)	0.378*** (0.019)	-0.402*** (0.108)
选择偏差系数1			0.017** (0.008)	0.274*** (0.102)
选择偏差系数2			-0.411*** (0.003)	0.260*** (0.070)
控制变量	有	有	有	有
样本量	1335	1316	1336	1317

注：***、**、*分别表示在1%、5%、10%的水平上显著。被解释变量均为0~1虚拟变量，因此采用二元 Probit 模型进行估计，表中报告系数均为边际系数。控制变量同表7-8基准模型，限于篇幅和重复性不再进行报告。

资料来源：CHIP 2008 数据。

表 7-13 创业的非货币回报——基准模型和处理效应模型（作为家庭满意度）

变量	(1)	(2)	(3)	(4)
	收入满意度	工作满意度	收入满意度	工作满意度
创业	0.046 (0.046)	-0.046 (0.048)	1.260*** (0.080)	1.021*** (0.132)
选择偏差系数			-0.715*** (0.040)	-0.612*** (0.066)
控制变量	有	有	有	有
样本量	3628	3696	3624	3692

注：***、**、* 分别表示在 1%、5%、10% 的水平上显著。控制变量同表 7-8 基准模型，限于篇幅和重复性不再进行报告。

资料来源：CHIP 2008 数据。

表 7-14 创业的非货币回报——考虑创业异质性（作为家庭满意度）

变量	(1)	(2)	(3)	(4)
“自雇型”创业	0.152** (0.060)	0.068 (0.062)	0.670*** (0.087)	0.449*** (0.088)
“雇主型”创业	-0.110* (0.065)	-0.217*** (0.069)	-0.086 (0.116)	-0.773*** (0.126)
选择偏差系数 1			-0.554*** (0.070)	-0.423*** (0.065)
选择偏差系数 2			-0.019 (0.100)	0.581*** (0.103)
控制变量	有	有	有	有
样本量	3628	3696	3624	3692

注：***、**、* 分别表示在 1%、5%、10% 的水平上显著。控制变量同表 7-8 基准模型，限于篇幅和重复性不再进行报告。

资料来源：CHIP 2008 数据。

基于 CHIP 2008 数据，上文检验了我国城镇居民创业行为对个体效用的影响，分别估计了创业的货币和非货币回报。对创业货币回报的研究发现创业相对工资性工作存在显著的收入溢价，且随着收入分位数水平的提高，收入溢价水平也越来越高。进一步考虑到不同类型创业活动收入回报可能存在的差异，根据雇员数量将创业细分为“自雇型”创业及“雇主型”创业，比较发现只有“雇主型”创业对个体收入存在显著的正向影响，“自雇型”创业不存在显著的收入溢价。对创业非货币回报的研究发现创业者的劳动强度更大，对收入的满意度也更高，但对工作的满意度与工资获得者不存在明显差异。上述分析还存在较多的局限性：首先，CHIP 2008 为截面数据，无法有效解决自选择问题；其次，在估计创业的非货币回报时，有效样本超过90%为户主，因此估计结果不具有代表性。基于此，在随后进行的稳健性检验中，对上述问题进行了解决。

7.2 创业的货币回报

——基于 CHNS 数据的稳健性检验

本书上一部分利用 CHIP 2008 数据检验了创业的收入回报，尽管采用处理效应模型及倾向得分匹配方法缓解了潜在的自选择偏差问题，但利用截面数据无法克服同时影响个体创业选择及收入的不可观测因素对估计结果的干扰。为保证估计结果的稳健性，本书进一步利用 CHNS 纵向数据来为创业与收入的关系提供更全面的证据。

7.2.1 数据

在检验创业的收入回报时，采用的数据为 CHNS 数据，前文中已经对该数据进行过介绍，这里不再展开介绍。本书舍弃 2011 年的数据，保留1989～2009年的八轮非平衡面板数据，并将研究对象限定为城镇居民。

7.2.2 模型设定

首先利用混合截面数据构建了如下回归模型：

$$lincome_{it} = \alpha + \gamma Selfem(1,0)_{it} + X_{it}\beta + \delta_t + \varepsilon_{it} \quad (7-5)$$

$lincome_{it}$为个体 i 在时间 t 所获得月收入的对数，以2009年为基期，本书按照各省消费价格指数对名义收入进行了调整；$Selfem(1,0)_{it}$为个体 i 在时间 t 是否是创业者的虚拟变量，若受访对象对当前工作类别的回答是创业者，则解释变量等于1；若为工资获得者，则为0。创业者的定义同前文；X 为影响个体收入的其他控制变量，包括性别、年龄、婚姻状况、教育、职业、省份的虚拟变量，δ_t 为年度虚拟变量。

直接对方程（7－5）进行估计存在的问题是误差项包含了个体异质性，由于劳动者的能力、性格等不可观测因素不仅会对劳动者的收入报酬有影响，也会影响个体的创业选择行为，因此忽略这些因素将会导致对创业活动边际影响的估计偏误。如果这些因素是不随时间变化的，我们可以通过固定效应模型予以消除。基于此，我们采用固定效应模型消除方程（7－5）中不可观测的个体异质性：

$$lincome_{it} = \alpha_i + \gamma Selfem(1,0)_{it} + X_{it}\beta + \delta_t + \varepsilon_{it} \quad (7-6)$$

表7－15给出了分年度创业者比例及收入比较，可以发现我国创业活动呈现不断活跃的趋势[①]，“自雇型”创业和“雇主型”创业比例

① 基于CHNS数据计算我国创业率发展趋势可能存在一些误差，CHNS数据虽然为追踪数据，但由于跨期较长，较多的样本在不同年度退出调查，且有新增样本进入调查，因此不同年度样本的代表性可能存在一定的误差，因此出现创业率在2004年呈现下降趋势，继而又在2006年呈现上升趋势。

均在提高，劳动者月收入和小时收入得到了不断提高。两部门和三部门收入密度函数图也可以发现与前文相同的规律，创业者收入高于工资获得者，且呈明显右偏分布特征。“雇主型”创业收入明显高于“自雇型”创业和工资获得者。

表7－15 创业活动及收入随时间的变化趋势

年份	1989	1991	1993	1997	2000	2004	2006	2009
创业	8.647	10.40	11.79	17.06	19.75	16.86	18.32	18.70
“自雇型”创业	6.280	8.733	9.205	13.26	14.43	11.36	12.69	13.41
“雇主型”创业	2.367	1.671	2.583	3.805	5.325	5.501	5.630	5.285
月收入（元）	3926	4039	5001	6883	10000	15000	19000	25000
周工作时间（小时）	49.16	48.48	47.88	43.00	43.01	45.49	45.31	45.69
小时收入（元）	21.58	22.22	30.20	44.41	68.64	87.66	122.4	162.0

资料来源：CHNS数据。

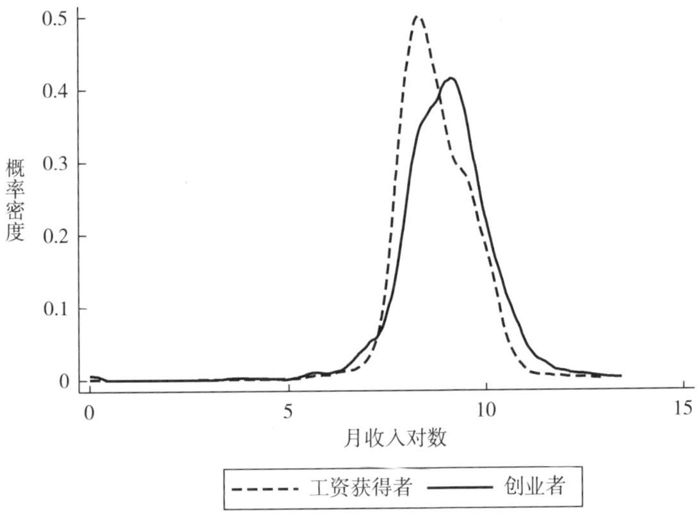

图7－6 创业者与工资获得者收入差异

资料来源：CHNS数据。

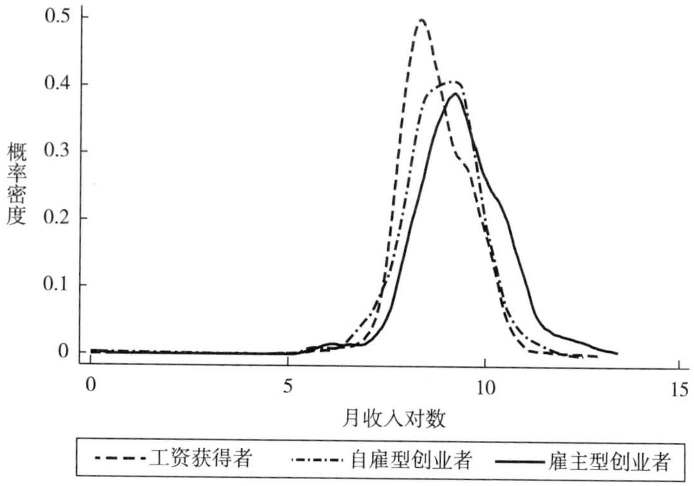

图 7-7　工资获得者、“自雇型”创业者与“雇主型”创业者收入差异

资料来源：CHNS 数据。

7.2.3　估计结果及解释

表 7-16 为估计结果，其中第一列为混合数据 OLS 估计结果。上述估计结果可能是有偏差的，在前文中我们从遗漏变量和双向因果关系两个方面对可能产生样本选择偏差的原因进行了解释，因此会考虑采用工具变量法来解决样本选择问题。根据工具变量的选取标准以及前文选取工具变量的标准，在 CHNS 数据中我们同样选取了两个家庭特征变量和一个省级特征变量作为创业者身份的工具变量，分别为家庭规模、家庭财富以及创业氛围。家庭规模用家庭成员数量衡量，家庭财富用家庭中其他成员总收入衡量，创业氛围为不同省份的不同城镇居民创业比例。在考虑内生性问题的情况下应用处理效应模型进行估计，第（2）、第（3）列分别为处理效应模型第一阶段和第二阶段

的估计结果。第一阶段F统计量为24.35，高于10的经验门槛值，且第一阶段三个工具变量估计系数方向符合预期，且均在1%的水平上统计显著，保证了工具变量的有效性。

与前文保持一致，在利用CHNS数据估计创业的收入回报时，为进一步检验工具变量的有效性，作者同样在stata中通过命令“ivreg 2”对本书所选取的三个工具变量进行了弱工具变量检验和过度识别检验，Cragg - Donald沃尔德F统计量为62.833，拒绝工具变量是“创业者身份”的弱工具变量的原假设。最后，过度识别检验Hansen J统计量为3.257（p=0.1624），不拒绝三个工具变量均为外生变量的原假设。

由于劳动者的能力、性格等不可观测因素不仅会对劳动者的收入报酬有影响，也会影响个体的创业选择行为，在实证方程中我们无法对上述因素进行全面准确的量化，因此忽略这些因素将会导致对创业活动边际影响的估计偏误。如果这些因素是不随时间变化的，我们可以通过固定效应模型予以消除。因此表7 - 17第（1）、第（2）列分别为面板固定效应模型和利用考虑内生性的面板固定效应模型的估计结果。

表7 - 16和表7 - 17的估计结果显示，核心解释变量——创业者系数均显著为正，说明创业存在显著的收入溢价，这与前文的结论保持一致。基于CHNS数据，本书同样利用混合OLS方法检验了创业收入回报在不同收入分位点上是否存在差异，表7 - 18分别为0.25、0.5及0.75三个分位点的估计结果。图7 - 8同样画出了在不同分位点水平上，创业活动对个体收入的影响，结论RUMIC 2009数据的发现保持一致，即收入水平越高，其创业的收入回报也越高。

表 7-16 创业的货币回报——混合 OLS

	(1)	(2)	(3)
	OLS 估计	处理效应模型	
		第一阶段	第二阶段
创业	0.174***		0.424***
	(0.036)		(0.056)
选择偏差系数			-0.063**
			(0.026)
家庭规模		0.027**	
		(0.013)	
家庭经济状况		0.046***	
		(0.010)	
创业氛围		2.415***	
		(0.169)	
年龄	0.055***	0.002	0.053***
	(0.006)	(0.002)	(0.005)
年龄平方	-0.052***	-0.003	-0.050***
	(0.007)	(0.002)	(0.007)
男性	0.162***	0.004	0.160***
	(0.012)	(0.005)	(0.012)
已婚	0.041*	0.022***	0.050**
	(0.023)	(0.008)	(0.022)
受教育水平	0.111***	-0.022***	0.105***
	(0.005)	(0.002)	(0.005)
工作强度	0.001	0.006***	0.002*
	(0.001)	(0.000)	(0.001)
常数项	7.501***	-0.269***	7.884***
	(0.120)	(0.043)	(0.113)
样本量	11069	10692	10691

注：***、**、*分别表示在1%、5%、10%的水平上显著。第（2）列第一阶段估计结果为利用 Probit 模型估计创业选择方程的结果，且所报告系数为边际系数。

资料来源：CHNS 数据。

表7－17　创业的货币回报——面板固定效应模型

	(1)	(2)
	面板固定效应	面板IV固定效应
创业者	0.083** (0.036)	0.0763* (0.041)
控制变量	有	有
样本量	11084	10706

注：***、**、*分别表示在1%、5%、10%的水平上显著。控制变量同表7－16基准模型，限于篇幅和重复性不再进行报告。

资料来源：CHNS数据。

表7－18　创业的货币回报——分位数估计

	(1)	(2)	(3)
	P25	P50	P75
创业	－0.063** (0.025)	0.155*** (0.022)	0.483*** (0.024)
控制变量	有	有	有
样本量	11069	11069	11069

注：***、**、*分别表示在1%、5%、10%的水平上显著。控制变量同表7－16基准模型，限于篇幅和重复性不再进行报告。

资料来源：CHNS数据。

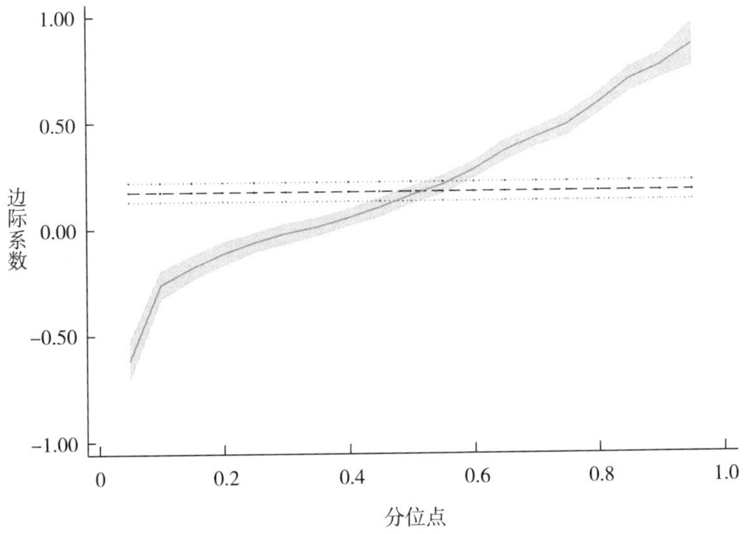

图7－8　分位数回归系数的变化

资料来源：CHNS数据。

表 7－19 及表 7－20 进一步将创业者细分为“自雇型”创业者和“雇主型”创业者，考察了不同类型创业对收入的异质性影响，表 7－16 没有考虑内生性，而表 7－20 考虑了内生性。其中第（1）列为混合 OLS 估计结果；第（2）列为多元处理效应模型估计结果。

表 7－19　创业的货币回报——考虑创业异质性

	(1)	(2)
“自雇型”创业	0.088** (0.044)	0.150** (0.060)
“雇主型”创业	0.355*** (0.059)	0.415*** (0.068)
选择偏差系数 1		-0.089*** (0.030)
选择偏差系数 2		-0.107*** (0.037)
控制变量	有	有
样本量	11069	10691

注：***、**、*分别表示在 1%、5%、10%的水平上显著。控制变量同表 7－16 基准模型，限于篇幅和重复性不再进行报告。

资料来源：CHNS 数据。

表 7－20　创业的货币回报——考虑创业异质性及内生性

	(1)	(2)
“自雇型”创业	0.075* (0.044)	-0.167 (0.117)
“雇主型”创业	0.094* (0.048)	0.168** (0.072)
控制变量	有	有
样本量	11084	10706

注：***、**、*分别表示在 1%、5%、10%的水平上显著。控制变量同表 7－16 基准模型，限于篇幅和重复性不再进行报告。

资料来源：CHNS 数据。

考虑到利用 RUMIC 2008 数据在估计创业回报时存在的种种局限性，以上分析利用 CHNS 数据重新估计了创业的货币回报，为创业与收入的关系提供更为稳健的检验。研究结论与基准估计保持一致，即创业相对工资性工作存在显著的收入溢价，且随着收入分位数水平的提高，收入溢价水平也越来越高。进一步考虑了不同类型创业活动的回报差异，根据雇员数量将创业划分为“自雇型”创业及“雇主型”创业，比较发现：“雇主型”创业存在显著的收益溢价，而“自雇型”创业对收入不存在显著影响。控制潜在的样本选择偏差后，上述结论依旧成立。

7.3 创业的非货币回报

——基于 CLDS 数据的稳健性检验

在前文基准估计中，虽然利用 CHIP 2008 数据检验了创业的非货币回报，但上述研究存在明显缺陷：首先，报告非货币回报的研究样本有 90% 为家庭户主，而本书研究对象为所有有工作的城镇居民，因此研究样本不具有代表性；其次，在反映非货币回报的指标方面，CHIP 数据相对比较单薄，不同于货币回报，非货币回报是相对主观的指标，包括收入不确定性、时间灵活性、工作独立性等多维度的信息。在定量分析中，非货币回报的衡量是研究的难点；最后，估计数据为截面数据，一些关键变量无法识别，不能纳入估计方程且容易造成估计结果的偏差。综合以上考虑，本书引入了中国劳动力动态调查（China Labor－force Dynamic Survey，CLDS）数据对创业的非货币回报进行稳健性检验。

7.3.1 数据

中国劳动力动态调查数据来源于中山大学社会科学调查中心。CLDS 以 15 ~ 64 岁的劳动年龄人口为对象，以劳动力的教育、就业、劳动权益、职业流动、职业保护与健康、职业满足感和幸福感等的现状和变迁为核心。同时对劳动力所在社区的政治、经济、社会发展，对劳动力所在家庭的人口结构、家庭财产与收入、家庭消费、家庭捐赠、农村家庭生产和土地等众多议题开展了调查，是一项跨学科的大型追踪调查。

CLDS 样本覆盖了中国 29 个省份，采用多阶段、多层次与劳动力规模成比例的概率抽样方法，并在国内率先采用轮换样本追踪方式，既能较好地适应中国剧烈的变迁环境，又能同时兼顾横截面调查的特点。其抽样设计为将样本随机分成 4 份，每份样本连续跟踪 4 轮（6 年），然后退出调查，同时用一个新的轮换样本进行补充。该项目通过每两年一次的动态追踪调查，建立了劳动力、家庭和社区三个层次的追踪数据库，2012 年是该项目的第一次调查，2014 年、2016 年分别为第二、第三次调查，目前可以公开获得的数据为 2012 年、2014 年和 2016 年三期，基于面板数据追踪率和指标统一性的考虑，本书所使用的数据主要为 2014 年和 2016 年两期面板数据。本书将研究样本限于城镇居民中在被调查时点有工作的个体，最后保留的样本数为 8338 个，其中单独出现在 2014 年和 2016 年的样本数分别为 3896 个和 2991 个，在两轮调查均出现的样本数为 1451 个。

之所以不采用 2012 年的数据，主要是基于以下考虑：该轮数据问卷设计与后两轮存在一定的差异，因此在估计创业的非货币回报时，为了保持变量的统一，一些关键的控制变量没法得到控制；此外，对于衡量非货币回报的指标，2014 年和 2016 年的问卷也更为详细。因此本书主要采用 2014 年和 2016 年两轮面板数据估计创业的非货币回报。

7.3.2　模型设定

为了对创业的非货币回报进行估计，本书构建了如下回归方程：

$$Utility_i = \alpha + \gamma Selfem(1, 0)_i + X_i\beta + \varepsilon_i \tag{7-7}$$

Utility 为个体的非货币回报，CLDS 2014 年和 2016 年数据中，能够衡量非货币回报的指标有 15 个，包括工作时间、11 个衡量满意度的指标及 3 个衡量幸福感的指标，14 个衡量满意度和幸福感的指标均为取值 1 ~5 的有序类别变量，取值越大，代表非货币回报越高。在实证分析中，如果将上述 15 个指标均作为核心解释变量，估计结果很难统一，也就难以进行解释，基于此，结合指标的具体内容及既有研究对非货币回报的衡量，本书从 15 个指标中选取了 5 个有代表性的指标作为核心被解释变量，分别为：工作时间、收入满意度、工作满意度、生活满意度及家庭经济状况满意度。

$Selfem(1, 0)_i$ 为是否是创业者的虚拟变量，若受访对象对当前工作类别的回答是创业者，则解释变量等于 1；若为工资获得者，则解释变量为 0。在 CLDS 数据中，针对有全职工作的受访者，将工作区分为雇员（受雇于他人或组织、政府部门以及国有企业、事业单位所有员工都算受雇于国家的雇员）、雇主（雇用 1 人及以上的个人，雇用指的是给人发工资）、自雇（其工作的雇主就是自己，同时也不雇用他人工作，他们不隶属于任何组织）和务农（指从事农业生产活动人员）四种状态。同样从创业者“从事独立生产经营活动”的属性出发，本书将就业状态为“雇主”和“自雇”定义为创业者，将工作状态为“雇员”的归为工资获得者，并进一步将工作状态为“自雇”和“雇主”的分别定义为“自雇型”创业者和“雇主型”创业者。X 为影响个体非货币回报的其他控制变量，包括性别、年龄、婚姻状况、教育、职业、省份的虚拟变量。对上述实证方程，进行混合数据 OLS 估计，其系数 γ 反映了创业的非货币回报。

进一步，基于估计结果稳健性的考虑，我们也利用面板固定效应模型估计了创业的非货币回报，与前文采用 CHNS 数据估计的出发点相同，面板固定效应模型在解决个体不可观测异质性对估计结果干扰方面是优于 OLS 估计的，估计方程具体设定如下：

$$Utility_{it} = \alpha_i + \gamma Selfem(1, 0)_{it} + X_{it}\beta + \delta_t + \varepsilon_{it} \quad (7-8)$$

基于 CLDS 2014，本书首先进行了描述性分析。表 7－21 给出了我国创业率的区域比较。表 7－22 对工作时间、11 个衡量满意度的指标及 3 个衡量幸福感的指标的分组均值比较，可以发现，在上述指标中，除工作时间以外，创业者群体与工资获得者群体均值不存在明显差异，但在创业者内部，“自雇型”创业者群体对不同方面满意度的取值均明显高于“雇主型”创业者群体，但幸福感的取值却明显低于“雇主型”创业者群体。表 7－23 给出了控制变量的定义及描述性统计。在此不再进行详细介绍。

表 7－21　创业率的区域比较

省份	工作样本数	创业者数量	创业比率（%）
北京	130	6	4.62
天津	106	14	13.21

续表

省份	工作样本数	创业者数量	创业比率（%）
河北	110	13	11.82
山西	125	9	7.20
内蒙古	110	20	18.18
辽宁	158	19	12.03
吉林	117	26	22.22
黑龙江	102	25	24.51
上海	180	11	6.11
江苏	25	1	4.00
浙江	63	9	14.29
安徽	33	3	9.09
福建	75	10	13.33
江西	37	13	35.14
山东	188	41	21.81
河南	115	19	16.52
湖北	204	25	12.25
湖南	99	21	21.21
广东	386	81	20.98
广西	13	2	15.38
重庆	40	9	22.50
四川	57	15	26.32
贵州	42	3	7.14
云南	155	18	11.61
陕西	180	14	7.78
甘肃	49	1	2.04
青海	59	8	13.56
宁夏	42	7	16.67
新疆	216	30	13.89
全国	3216	473	14.71

资料来源：CLDS 2014。

表 7－22　非货币回报的分组比较

变量	总体		创业者		“自雇型”创业者		“雇主型”创业者		工资获得者	
	均值	样本量	均值	样本量	均值	样本量	均值	样本量	均值	样本量
工作时间	41.655	3209	44.102	471	43.869	373	44.990	98	41.234	2739
满意度										
收入	2.972	3160	2.989	457	2.869	360	3.433	97	2.970	2703
工作安全性	3.495	3160	3.453	457	3.385	358	3.697	99	3.502	2703
工作环境	3.407	3162	3.278	457	3.187	359	3.612	98	3.429	2705
工作时间	3.331	3153	3.238	450	3.139	353	3.598	97	3.347	2703
晋升机会	3.044	2496	3.095	221	2.960	173	3.583	48	3.040	2275
工作有趣	3.158	3050	3.182	429	3.107	335	3.447	94	3.154	2621
工作和作者	3.513	3016	3.436	369	3.339	280	3.742	89	3.524	2647
能力和技能使用	3.497	3060	3.378	407	3.297	316	3.659	91	3.515	2653
他人给予的尊重	3.528	3107	3.424	429	3.327	336	3.774	93	3.545	2678
在工作中表达意见的机会	3.418	2967	3.378	349	3.221	262	3.851	87	3.423	2618
对工作的整体满意度	3.466	3156	3.420	452	3.336	354	3.724	98	3.474	2704
幸福感										
生活幸福感	3.887	3185	3.809	470	3.800	370	3.840	100	3.901	2715
对生活状况满意度	3.795	3185	3.736	470	3.719	370	3.800	100	3.805	2715
对家庭经济状况满意度	3.424	3185	3.419	470	3.386	370	3.540	100	3.425	2715

资料来源：CLDS 2014。

表 7－23　控制变量定义及描述性统计

变量	定义	整体	创业者	“自雇型”创业者	“雇主型”创业者	工资获得者
男性	男性＝1；女性＝0	40.60	42.89	43.88	39.24	40.20
年龄	单位：岁	0.557	0.573	0.544	0.680	0.555
已婚	已婚＝1；未婚＝0	0.872	0.924	0.917	0.950	0.863

续表

变量	定义	整体	创业者	“自雇型”创业者	“雇主型”创业者	工资获得者
党员	党员 =1；非党员 =0	0.226	0.0600	0.0510	0.0910	0.255
受教育水平	受教育年限	12.94	11.04	10.45	13.22	13.26
自信心	我对自己失去过信心，取值 1 ~ 5，取值越大，自信心越强	4.154	4.168	4.165	4.180	4.151
克服困难能力	我感到无法克服遇到的困难，取值 1 ~ 5，数值越大，克服困难的能力越强	4.137	4.183	4.203	4.110	4.129
社会网络	在本地，有多少关系密切，可以得到支持和帮助的朋友/熟人，加 1 取对数	1.994	1.902	1.808	2.248	2.010

资料来源：CLDS 2014。

7.3.3 实证分析结果与讨论

表 7 – 24 为混合数据 OLS 估计结果，可以发现创业者的工作时间、收入满意度、工作满意度及家庭经济状况满意度均显著高于工资获得者，但生活满意度与工资获得者不存在明显差异。本书同样考虑了自选择问题，在前文中已经对自选择问题出现的原因进行过详细解释。本书采用处理效应模型解决样本选择偏差，工具变量选用两个：户主兄妹数量和创业氛围，其创业氛围为分省创业率。表 7 – 25 为处理效应模型估计结果，其中第（1）列为第一阶段估计结果，可以发现两个工具变量系数均为正，且在 1% 的统计水平上显著，满足工具变量的有效性要求。本书同样基于“ivreg 2”命令对工具变量进行了弱工具变量检验和过度识别检验，保证了工具变量的有效性。由于在前文中已经对该方法进行过详细介绍，这里就不再展开说明。处理效应模

型估计结果显示，考虑自选择问题后，创业者只有工作时间显著高于工资获得者。本书也利用面板固定效应模型估计了创业的非货币回报，表7－26和表7－27分别为不考虑内生性和考虑内生性的估计结果。

表7－24　创业的非货币回报——基准模型

	(1)	(2)	(3)	(4)	(5)
	工作时间	收入满意度	工作满意度	生活满意度	家庭经济满意度
创业者	3.952***	0.075***	0.045**	－0.014	0.075***
	(0.667)	(0.026)	(0.021)	(0.024)	(0.027)
年龄	0.086	－0.019***	－0.004	－0.023***	－0.035***
	(0.157)	(0.007)	(0.006)	(0.007)	(0.010)
年龄平方	－0.342*	0.028***	0.010	0.030***	0.047***
	(0.193)	(0.008)	(0.008)	(0.008)	(0.013)
男性	3.370***	0.048**	－0.080***	－0.088***	－0.052**
	(0.398)	(0.020)	(0.016)	(0.018)	(0.020)
已婚	0.947	0.063*	0.012	0.236***	0.063
	(0.698)	(0.036)	(0.030)	(0.035)	(0.040)
党员	－1.488***	0.099***	0.127***	0.131***	0.115***
	(0.482)	(0.028)	(0.021)	(0.024)	(0.028)
受教育水平	－0.862***	0.026***	0.024***	0.027***	0.042***
	(0.071)	(0.003)	(0.003)	(0.003)	(0.003)
健康状况	1.175	0.410***	0.249***	0.439***	0.558***
	(1.175)	(0.052)	(0.046)	(0.052)	(0.054)
社会网络	－0.200	0.039***	0.058***	0.079***	0.076***
	(0.210)	(0.010)	(0.008)	(0.009)	(0.010)
常数项	55.982***	2.618***	2.832***	3.121***	2.666***
	(3.441)	(0.173)	(0.147)	(0.173)	(0.216)
样本量	9317	9276	9268	9350	9350
拟合优度	0.075	0.056	0.053	0.091	0.121

注：***、**、*分别表示在1%、5%、10%的水平上显著。
资料来源：CLDS两期面板数据。

表 7－25　创业的非货币回报——处理效应模型

	(1)	(2)	(3)	(4)	(5)	(6)
		工作时间	收入满意度	工作满意度	生活满意度	家庭经济满意度
创业者		5.631***	－0.262	－0.037	－0.022	－0.214
		(0.874)	(0.292)	(0.088)	(0.081)	(0.132)
选择偏差系数		－0.055***	0.209	0.066	0.005	0.176**
		(0.018)	(0.183)	(0.069)	(0.052)	(0.080)
户主兄妹数量	0.011***					
	(0.003)					
创业氛围	0.009***					
	(0.001)					
控制变量	有	有	有	有	有	有
常数项	0.232***	58.161***	2.545***	2.822***	3.250***	2.989***
	(0.085)	(2.969)	(0.159)	(0.130)	(0.148)	(0.198)
样本量	9348	9315	9274	9266	9348	9348

注：***、**、*分别表示在 1%、5%、10% 的水平上显著。控制变量同表 7－24 基准模型，限于篇幅和重复性不再进行报告。第（1）列为处理效应模型第一阶段估计结果。

资料来源：CLDS 两期面板数据。

表 7－26　创业的非货币回报——面板固定效应模型

	(1)	(2)	(3)	(4)	(5)
	工作时间	收入满意度	工作满意度	生活满意度	家庭经济满意度
创业者	6.167**	0.006	0.046	0.099	0.181*
	(2.388)	(0.103)	(0.084)	(0.093)	(0.095)
控制变量	有	有	有	有	有
常数项	17.118	2.619	3.816***	4.044***	4.022***
	(20.031)	(1.768)	(0.878)	(1.274)	(1.373)
样本量	9580	9538	9530	9614	9614

注：***、**、*分别表示在 1%、5%、10% 的水平上显著。控制变量同表 7－24 基准模型，限于篇幅和重复性不再进行报告。

资料来源：CLDS 两期面板数据。

表 7 – 27　创业的非货币回报——面板 IV 固定效应模型

	(1)	(2)	(3)	(4)	(5)
	工作时间	收入满意度	工作满意度	生活满意度	家庭经济满意度
创业者	5.226*	−0.507	−3.144***	−0.169	2.951**
	(3.106)	(0.997)	(1.187)	(0.931)	(1.331)
控制变量	有	有	有	有	有
常数项	11.468	2.496*	3.048*	4.086***	4.527***
	(29.232)	(1.350)	(1.602)	(1.172)	(1.677)
样本量	9575	9533	9525	9609	9609

注：***、**、*分别表示在1%、5%、10%的水平上显著。控制变量同表7–24基准模型，限于篇幅和重复性不再进行报告。

资料来源：CLDS 两期面板数据。

本书也进一步研究了不同类型创业活动对非货币回报的异质性影响。表7–28和表7–29分别为考虑内生性和不考虑内生性的估计结果，可以发现对于所有衡量非货币回报的指标，“自雇型”创业者与工资获得者之间是不存在显著差异的，但“雇主型”创业者一般是显著高于工资获得者的。从事“雇主型”创业的个体，一般在劳动力市场上享有足够的就业机会，他们从事创业的动机更多的是主动追求更高的回报，因此创业带来的非货币回报更为明显。但对于以实现就业为主要目的并从事“自雇型”创业的个人来说，他们往往是就业市场的弱势群体，“自雇型”创业往往是这部分个人缺乏正规就业机会的被动选择，他们从事创业的动机更多的是实现就业，因此创业对其非货币回报的提升并不明显。

表 7－28　创业的非货币回报——考虑创业异质性（基准估计）

	(1)	(2)	(3)	(4)	(5)
	工作时间	收入满意度	工作满意度	生活满意度	家庭经济满意度
"自雇型"创业者	3.987***	0.010	-0.020	-0.050*	0.036
	(0.757)	(0.028)	(0.023)	(0.027)	(0.029)
"雇主型"创业者	3.812***	0.334***	0.304***	0.128**	0.230***
	(1.332)	(0.055)	(0.040)	(0.050)	(0.055)
控制变量	有	有	有	有	有
常数项	55.961***	2.657***	2.881***	3.143***	2.690***
	(3.448)	(0.173)	(0.148)	(0.174)	(0.217)
样本量	9317	9276	9268	9350	9350

注：***、**、*分别表示在 1%、5%、10% 的水平上显著。控制变量同表 7－24 基准模型，限于篇幅和重复性不再进行报告。

资料来源：CLDS 两期面板数据。

表 7－29　创业的非货币回报——考虑创业异质性（多元处理效应模型）

	(1)	(2)	(3)	(4)	(5)
	工作时间	收入满意度	工作满意度	生活满意度	家庭经济满意度
"自雇型"创业者	5.053***	-0.693***	-0.023	-0.029	-0.430**
	(0.976)	(0.045)	(0.080)	(0.102)	(0.205)
"雇主型"创业者	5.592**	0.341***	0.309***	0.171	0.215
	(2.395)	(0.102)	(0.081)	(0.130)	(0.240)
控制变量	有	有	有	有	有
常数项	56.794***	2.775***	3.116***	2.833***	2.443***
	(3.754)	(0.172)	(0.145)	(0.178)	(0.191)
样本量	9315	9276	9266	9348	9348

注：***、**、*分别表示在 1%、5%、10% 的水平上显著。控制变量同表 7－24 基准模型，限于篇幅和重复性不再进行报告。

资料来源：CLDS 两期面板数据。

7.4 本章小结

本章从货币回报和非货币回报两方面考察了创业行为对个体效用的影响。在货币回报方面，创业相对工资性工作存在显著的收入溢价，且随着收入分位数水平的提高，其收入溢价水平也越来越高。进一步考虑不同类型创业活动收入回报可能存在的差异，比较发现只有“雇主型”创业对个体收入存在显著的正向影响，“自雇型”创业不存在显著的收入溢价。为了控制潜在的自选择问题，本书利用处理效应模型及倾向得分匹配两种方法对 CHIP 数据进行了重新估计，并在稳健性检验中利用 CHNS 纵向数据消除个体不可观测异质性对结果可能产生的影响，发现研究结论依旧是稳健的。在非货币回报方面，基于 CLDS 两期面板数据的估计结果发现，创业者的工作时间显著多于工资获得者，收入满意度也显著高于工资获得者，但工作满意度、生活满意度及家庭经济状况满意度与工资获得者不存在明显差异。本书也进一步研究了不同类型创业活动对非货币回报的异质性影响。可以发现几乎对于所有衡量非货币回报的指标，“自雇型”创业者与工资获得者之间是不存在显著差异的，但“雇主型”创业者一般是显著高于工资获得者的。在考虑样本选择偏差问题后，以上结论依旧存在。

第8章　研究结论、政策含义及未来研究方向

在我国经济增长放缓和就业压力增大的背景下，创业活动在促进我国经济增长、创造就业机会以及提高劳动力收入和就业灵活性等方面发挥着重要作用。结合国内对财富与创业关系研究相对比较稀缺以及我国家庭财富积累经历了高速增长的背景，本书从家庭财富的视角研究了我国城镇居民的创业问题，在此基础上，本书进一步从货币回报和非货币回报两方面研究了创业对个体效用的影响，剖析我国城镇居民创业决策机制。本书研究内容包括两方面：家庭财富对创业行为的影响以及创业行为对个体效用的影响，前者更是研究的重点。围绕上述内容，形成了如下主要结论。

8.1　研究结论

8.1.1　家庭财富对创业行为影响的理论推论

为了对财富与创业行为的关系进行理论上的判断，本书建立了一

个个体层面的创业选择模型，模型推论为：对于不受资本约束的个体，创业活动最优收入不受初始财富的影响，因此财富也不会影响其创业概率；但对于受资本约束的个体，创业最优收入与初始财富是正相关的，因此财富越多，创业概率也相对越高。是否受资本约束取决于家庭财富和企业家能力是否匹配，在定量分析中，很难区分个体是否受资本约束，但家庭财富越多，受资本约束的概率也越低。因此，综合考虑来看，家庭财富越多，创业概率越高。但将上述理论模型置于动态分析框架中，考虑自选择问题后的推论为：财富与创业存在倒 U 形关系，财富水平存在一个临界点，在到达临界点之前，个体的创业概率会随财富的增加而增加，临界点之后，两者之间呈现负相关关系。

8.1.2 家庭财富对创业行为影响的实证分析

8.1.2.1 基于 CHIP 数据的基准估计

为了对财富与创业行为的关系进行实证检验，本书首先引入 CHIP 2008 数据，对两者之间的关系进行基准估计。研究发现，家庭财富系数显著为正，财富越多，个体选择创业的概率越高。在考虑内生性问题后，研究结论依旧稳健。区分财富对不同类型创业活动的影响发现，财富显著提高了城镇居民选择“自雇型”创业的概率，但对选择“雇主型”创业影响较小或不存在显著的影响。这可能是因为，相对“雇主型”创业，“自雇型”创业活动的“准入门槛”较低，对初始投入的要求较低，进入和退出都相对容易，因此更容易受财富水平的影响。而“雇主型”创业经营规模较大，“准入门槛”较高，对初始投入的要求也比较高，因此不容易受到财富水平的影响。本书也讨论了财富与创业可能存在的非线性关系，研究发现，两者之间存在倒 U 形关系。

以上实证检验的结论均验证了理论分析的研究假说。

8.1.2.2　基于CFPS面板数据的稳健性检验

考虑到CHIP 2008数据为单一年度截面数据，对财富与创业行为关系的识别可能存在一定的局限性。为保证估计结果的稳健性，本书进一步引入CFPS四轮面板数据，利用面板固定效应模型重新对两者之间的关系进行检验，而进一步的稳健性检验也验证了基准估计的结论。

8.1.2.3　基于住房改革“准自然实验”的稳健性检验

对财富与创业关系的既有实证研究中，利用能够对财富造成外生冲击的“准自然实验”，并采用双重差分法进行估计是该问题研究的前沿。而20世纪末我国公有部门住房改革是一个能够对家庭财富造成外生冲击的“准自然实验”，因此本书又利用这次改革对财富与创业行为的关系进行稳健性检验，采用双重差分法及面板固定效应模型估计了住房改革对城镇居民创业行为的影响，发现住房改革显著提高了受影响个体的创业概率。研究结论同样与前文基准估计及稳健性检验保持统一。

8.1.3　创业行为对个体效用的影响

本书从货币回报和非货币回报两个方面考察了创业行为对个体效用的影响，主要结论如下：

8.1.3.1　创业的货币回报

（1）基于CHIP数据的基准估计。基于CHIP 2008数据，本书对创业的货币回报进行了基准估计，研究发现创业相对工资性工作存在显著的收入溢价，并且随着收入分位数水平的提高，收入溢价水平也越高。应用处理效应模型和倾向得分匹配解决潜在的样本选择问题后，研究结论依旧稳健。进一步考虑到不同类型创业活动收入回报可能存在的差异，根据雇员数量将创业细分为“自雇型”创业及“雇主型”创业，比较发现只有“雇主型”创业对个体收入存在显著的正向影响，“自雇型”创业不存在显著的收入溢价。从事“雇主型”创业的个体，一般在劳动力市场上享有足够的就业机会，他们从事创业的动机更多的是主动追求更高的收入，因此创业带来的溢价收入更为明显。但对于以实现就业为主要目的并从事“自雇型”创业的个人来说，他们往往是就业市场的弱势群体，“自雇型”创业往往是这部分个人缺乏正规就业机会的被动选择，他们从事创业的动机更多的是实现就业，因此创业对其收入的提升并不明显。

（2）基于 CHNS 数据的稳健性检验。基于 CHIP 2008 数据进行的基准估计，尽管采用处理效应模型及倾向得分匹配方法缓解了潜在的样本选择偏差，但利用截面数据无法克服同时影响个体创业选择及收入的不可观测因素对估计结果的干扰。为保证估计结果的稳健性，本书进一步引入 CHNS 纵向数据，利用面板固定效应模型重新估计了创业的货币回报，其研究结论与基准估计保持统一。

8.1.3.2 创业的非货币回报

（1）基于 CHIP 2008 数据的基准估计。同样基于 CHIP 2008 数据，本书对创业的非货币回报进行了基准估计，采用工作时间、收入满意度及工作满意度衡量个体的非货币回报。研究发现创业者的工作时间和收入的满意度均显著高于工资获得者，但两者在工作满意度方面不存在显著差异。这可能是由于工作满意度不仅取决于收入水平的高低，还取决于时间和精力付出的多少、收入的不确定性等因素。在考虑了样本选择问题后，上述结论依旧稳健。进一步区分不同类型创业活动对非货币回报的影响，可以发现，“自雇型”创业在工作时间和收入满意度方面均显著高于工资获得者，但在工作满意度与工资获得者方面不存在显著差别；而“雇主型”创业工作时间显著高于工资获得者，但工作满意度显著低于后者，收入满意度方面两者不存在显著差异。

（2）基于 CLDS 数据的稳健性检验。上述基准估计存在较多的局限性：首先，CHIP 2008 为截面数据，无法有效解决自选择问题；其次，在估计创业的非货币回报时，有效样本超过 90% 为户主，因此估计结果不具有代表性。本书的研究结论也没有重点参考基准估计的结果。本书进一步引入 CLDS 面板数据进行稳健性检验。研究发现，创业者的工作时间和收入满意度均显著高于工资获得者，但工作满意度和生活满意度与工资获得者不存在明显差异。进一步考虑不同类型创业活动对非货币回报的异质性影响发现，“自雇型”创业者与工资获得者的非货币回报多数情况下是不存在显著差异的，但“雇主型”创业者的非货币回报一般显著高于工资获得者。

8.2　政策含义

基于以上研究结论，本书提出了相应的政策含义：

8.2.1　优化金融环境，缓解信贷约束，促进居民创业行为

本书对家庭财富与创业行为关系的研究发现，家庭财富越多，创

业概率越高。即在个体创业决策的过程中，存在流动性约束。创业可利用资本资源包括自有财富和外部资本，自有财富的提高需要经历一定时间积累的过程，短时间内不容易提高，而外部资本的获取取决于正规的和非正规的金融环境。因此政府应不断优化正规和非正规的金融环境，缓解潜在创业者的信贷约束，鼓励更多居民选择创业。对于正规的金融环境，放松金融市场管制和降低准入门槛；对于非正规的金融环境，政府应当尽快完善相关法律制度，允许正规的金融体系之外民间借贷的存在。通过优化正规的和非正规的金融环境，缓解居民面临的信贷约束，促进其创业行为。

8.2.2 重点扶持中小创业者，改善收入分配状况

创业会影响收入分配状况。对创业货币回报的研究发现，创业存在显著的收入溢价，且创业的货币回报存在“马太效应”，即创业货币回报的边际系数随着收入分位点的提高而变大，越是成功的创业者其货币回报也越高。这会进一步拉大创业者内部的收入差距。因此政府应在低息贷款、税收减免、员工培训等方面重点扶持中小创业者，提高其经营规模，使中小创业者获得更高的收入回报，从而改善个人的收入分配状况。

8.2.3 优化创业结构，实现从“自雇型”创业向“雇主型”创业的转变

从货币回报和非货币回报的估计结果来看，只有“雇主型”创业能够显著提高个体的货币回报和非货币回报。两类创业活动不仅对个

体效用的影响存在差异，在促进经济增长、创造就业、提高创新水平等方面，“雇主型”创业发挥的作用均远远高于“自雇型”创业。但目前我国创业现状是“雇主型”创业在创业结构中所占比例远低于“自雇型”创业。因此引导中小创业者逐步提高经营规模，实现从“自雇型”创业到“雇主型”创业、从个体户到小微企业的转变也是政府需要考虑的问题。优化创业环境不仅要提高我国居民的创业率，还要逐步提高“雇主型”创业的比例。

8.3　未来进一步的研究方向

以上内容围绕创业选择模型、家庭财富对创业行为的影响以及创业行为对个体效用的影响进行了讨论。基于上述分析，本书认为未来创业问题的研究可以从以下几方面来展开。

8.3.1　研究对象多样化，并越来越关注特殊重要群体创业行为

在对创业行为的研究对象选择方面，以往文献大都是以劳动力整体作为研究对象，但也有越来越多的研究开始关注一些特殊群体。如移民，包括国际和国内移民（Chen et al.，2014；Fairlie and Lofstrom，2015）以及返乡农民工（Démurger and Xu，2011）。相对于普通劳动力，移民有其特殊性，移民经历可以提高个体的人力资本和物质资本，从而有助于克服不利的创业初始条件，但移民经历也会使个体损失家

乡的社会资本，而社会资本在帮助个体更好地识别创业机会及获取创业资源方面也发挥着重要作用。研究返乡农民工的创业行为，是因为农民工返乡创业在促进现代农业发展和新农村建设、推动城镇化进程等方面具有积极的现实意义，尤其是对于农民工数量庞大的中国。考虑到女性在心理特征、获取外部资源的能力、面临的就业市场歧视以及更需要平衡工作和家庭关系等方面与男性存在较大差异，有越来越多的研究开始集中以女性群体为研究对象（Ghani et al, 2014b；Mel et al.，2014；Valdivia, 2015；Field et al.，2015）。此外，近年来我国高等教育快速发展，大学毕业生数量急剧增加，加入创业队伍的人数也越来越多。大学生创业不仅能够缓解大学生就业难的问题，也可以更好地推动创新活动，所以学者以大学生为研究对象，对大学生创业影响因素、创业能力的培养以及鼓励大学生创业政策的效果评估展开了研究（Katz et al.，2016；Premand et al.，2016）。

通过对特殊重要群体创业行为的理解，在金融、税收优惠、培训，以及就业大环境等方面对这部分群体提供政策支持，鼓励其选择创业活动，从而在整体上提高劳动参与率，增加有效劳动时间，这将成为未来研究的重要方向。

8.3.2　创业者度量的全面性和异质性

在定量分析中，创业者的度量是比较有争议的论题，不同领域的学者对创业者概念的理解存在差异，往往是从某一方面对创业者进行界定。有关创业者的定量分析，目前学界普遍采用自我雇佣指标，该指标只能反映创业者从事独立商业活动的特性，而无法反映创业活动的创新性、开拓性和冒险性。但由于缺乏针对创业者群体的代表性调查数据，而在一般涉及就业问题的人口调查数据中，针对个体就业身份的调查普遍包括自我雇佣选项，所以自我雇佣指标应用比较广泛。这也就导致在研究创业行为影响因素及其经济价值时，由于指标选择不恰当，得出不符合预期的研究结论。

基于此，有的研究在界定创业者范围时，通过从就业单位类型、雇员数量等方面施加约束来强化创业者的企业家精神。也有越来越多的研究开始考虑创业者群体的异质性，从不同角度对创业者群体进行了细分，如雇员数量、创业动机、创新水平等（Block and Wagner，2010；Fritsch et al.，2014；Levine and Rubinstein，2017）。随着经济社会形态的发展，对创业者的分类趋于精细，创业者的内涵也将更为多元化和丰富化，此方面的研究将值得进一步细化和拓展。

8.3.3　对发展中国家及国际比较研究

早期涉及创业行为的研究大都以发达国家为研究背景，研究结论很难在更大范围内得到检验。发展中国家创业活动在规模及结构上均与发达国家存在较大的差异，非正式自我雇佣活动是发展中国家最常见的创业类型，这部分创业活动通常是缺乏就业机会的被动选择，所获得的是只能维持生计的收入且低于工资性工作收入。在对发展中国家创业行为进行研究时，随着发展中国家有关创业者微观调查数据的完善，也为发展中国家创业行为的研究提供了支持。

此外，考虑到创业者创业行为在不同国家间表现出的较大差异，国际比较研究也越来越多，如 Torrini（2005）利用国家层面宏观数据从税收制度的角度解释了 OECD 国家创业活动水平的差异。Gindling 和 Newhous（2014）利用家庭层面微观调查数据对 74 个发展中国家不同类型创业活动水平的差异进行了研究。创业行为国际比较研究的一个突出问题就在于各国统计方法的不一致导致变量统计口径的不一致，进而影响结论的可靠性。而一些在国际上被广泛接受的企业家精神研究数据库的出现为国际比较研究提供了支撑。比如全球创业观察数据（Global Entrepreneurship Monitor，GEM），该数据是比较有代表性的全球创业研究数据，涵盖国家范围较大、调查持续年度比较长。近年来，在研究国家间创业活动水平差异、企业家精神对不同国家经济增长率差异的贡献以及企业家精神水平的动态变化趋势等方面应用比较广泛。

8.3.4 基于纵向追踪数据的动态分析

在考察创业选择行为的影响因素时，实证研究以截面数据为主。静态分析只能考察在某个时点个体就业身份的决定因素，而忽略了其初始工作状态及创业活动的持续时间。由工资雇佣转向创业活动和由失业状态转入的决定因素可能不同，创业活动的经营情况也会直接影响个体，是选择保持还是放弃创业活动，从而给静态数据带来样本选择问题。此外，静态数据也无法消除个体不可观测异质性，影响实证分析结论。随着纵向数据可得性的提高，越来越多的研究开始对创业活动的动态转换进行研究（Levine and Rubinstein，2017）。因变量不再是在某一时点的就业身份，而是在不同时点就业身份的转换。利用动态数据还可以考察不同因素对企业家创业行为的长期影响（Mel et al.，2014）。创业活动是一个长期的过程，创业过程包括对创业机会的识别，并判定这个机会的未来收益会高于其风险，然后动用已有的及各种可能获取的资源，把这个创业机会付诸实践（Shane and Venkataraman，2000）。不同因素短期内可能只会影响个体的创业动机，只有经过一定时间的资源筹备后，才可能影响创业选择行为。

此外，越来越多的文献开始利用纵向数据，在研究创业选择行为的同时追踪创业活动的表现，常用的衡量创业表现的指标为雇员的数量、销售额、生存率、收入、资产等（Schmalz et al.，2013；Blattman et al.，2014；Hvide and Panos，2014）。从而为政府培育数量与质量兼备的创业者群体提供依据。

8.3.5 “准自然实验”方法的应用

检验影响创业行为的因素时，模型的设定、指标的选取以及度量都会影响回归结果的稳健性，导致对诸多影响因素的实证研究没有一致结论。近年来，借助于政策干预等外生冲击形成的准自然实验，识别不同因素对个体创业行为影响的研究开始增多，主要集中在物质资本和人力资本两类因素上。考虑到家庭财富在创业选择行为中的内生性，有研究能够提高可利用资本量的“准自然实验”，检验了创业选择过程中资本约束的存在（Wang，2012；Giné and Mansuri，2014；Blattman et al.，2014）。考虑到人力资本难以全面客观度量，有研究具体考察了能够通过培训和技术帮助提高人力资本的政府政策对创业行为的影响（Michaelides and Benus，2012；Valdivia，2015）。也有研究评估了在创业过程中同时满足提供培训和资本援助项目的政策效果（Mel et al.，2014）。运用“准自然实验”方法，对于创业政策的激励效果评估则将可能成为未来该领域研究的重要发展方向。

参考文献

［1］曹永福，杨梦婕，宋月萍．农民工自我雇佣与收入：基于倾向得分的实证分析［J］．中国农村经济，2013（10）：30－52.

［2］陈刚．管制与创业——来自中国的微观证据［J］．管理世界，2015（5）：89－99.

［3］陈其进，肖哲，李建民．创业者与工资获得者收入差异的实证研究——基于 RUMIC 2009 数据的实证分析［J］．现代管理科学，2015（5）：36－38.

［4］程郁，罗丹．信贷约束下农户的创业选择：基于中国农户调查的实证分析［J］．中国农村经济，2009（11）：25－38.

［5］盖庆恩，朱喜，史清华．财富对创业的异质性影响——基于三省农户的实证分析［J］．财经研究，2013（5）：134－144.

［6］甘宇，朱静，刘成玉．家庭创业及其城乡差异：金融约束的影响［J］．上海经济研究，2015（9）：15－23.

［7］李宏彬，李杏，姚先国，张海峰，张俊森．企业家的创业与创新精神对中国经济增长的影响［J］．经济研究，2009（10）：99－108.

［8］李涛，朱俊兵，伏霖．聪明人更愿意创业吗？——来自中国的经验发现［J］．经济研究，2017（3）：91－105.

［9］李雪莲，马双，邓翔．公务员家庭、创业与寻租动机［J］．经济研究，2015（5）：89－103.

［10］李江一，李涵．住房对家庭创业的影响：来自 CHFS 的证据［J］．中国经济问题，2016（2）：53－67.

［11］马光荣，杨恩艳．社会网络、非正规金融与创业［J］．经济研究，2011（3）：83－94.

［12］宁光杰．自我雇佣还是成为工资获得者？中国农村外出劳动力的就业选择和收入差异［J］．管理世界，2012（1）：54－66.

［13］倪鹏途，陆铭．市场准入与“大众创业”：基于微观数据的经验研究［J］．世界经济，2016（4）：3－21.

［14］潘紫阳，王紫妍．创业的得与失——中国居民创业的货币与非货币回报［J］．世界经济文汇，2016（4）：102－120.

［15］普蓂喆，郑风田．高房价与城镇居民创业——基于 CHIP 微观数据的实证分析［J］．经济理论与经济管理，2016（3）：31－44.

［16］阮荣平，郑风田，刘力．信仰的力量：宗教有利于创业吗？［J］．经济研究，2014（3）：171－184.

［17］田毕飞，陈紫若．FDI 对中国创业的空间外溢效应［J］．中国工业经济，2016（8）：40－57.

［18］王春超，冯大威．企业家创业行为研究新进展［J］．经济学动态，2016（8）：115－125.

［19］王春超，冯大威．中国乡—城移民创业行为的决定机制——基于社会关系网的分析视角［J］．经济学（季刊），2018（1）：355－382.

［20］王春超，冯大威．中国城镇创业行为与收入溢价［J］．经济学动态，2018（4）：28－42.

［21］翁辰，张兵．信贷约束对中国农村家庭创业选择的影响——基于 CHFS 调查数据［J］．农业技术经济，2015（6）：92－102.

［22］吴晓瑜，王敏，李力行．中国的高房价是否阻碍了创业？［J］．经济研究，2014（9）：121－134.

［23］解垩．中国非农自雇活动的转换进入分析［J］．经济研究，2012（2）：54－66.

［24］尹志超，甘犁．中国住房改革对家庭耐用品消费的影响［J］．经济学（季刊），2009（1）：53－72.

［25］张龙鹏，蒋为，周立群．行政审批对创业的影响研究——基于企业家才能的视角［J］．中国工业经济，2016（4）：57－74.

［26］张龙耀，张海宁．金融约束与家庭创业——中国的城乡差异［J］．金融研究，2013（9）：123－135.

［27］赵向阳，李海，Andreas Rauch. 创业活动的国家（地区）差异：文化与国家（地区）经济发展水平的交互作用［J］．管理世界，2012（8）.

［28］周京奎，黄征学．住房制度改革、流动性约束与“下海”创业选择——理论与中国的经验研究［J］．经济研究，2014（3）：158－170.

［29］周广肃，谢绚丽，李力行．信任对家庭创业决策的影响及机制探讨［J］．管理世界，2015（12）：121－129.

［30］周广肃，李力行．养老保险是否促进了农村创业？［J］．世界经济，2016（11）：172－192.

［31］周广肃，谭华清，李力行．外出务工经历有益于返乡农民工创业吗？［J］．经济学（季刊），2017（2）：793－814.

［32］Abada T., Hou F. and Lu Y., “Choice or necessity: Do immigrants and their children choose self - employment for the same reasons?", *Work, Employment & Society*, 2014, 28 (1): 78 - 94.

[33] Allen W., "Social networks and self - employment", Journal of Socioeconomics, 2000, 29 (5): 487 - 501.

[34] Andersson M., Braunerhjelm P. and Thulin P., "Creative destruction and productivity: Entrepreneurship by type, sector and sequence", *Journal of Entrepreneurship and Public Policy*, 2012, 1 (2): 2045 - 2101.

[35] Andersson L. and Hammarstedt M., "Intergenerational transmissions in immigrant self - employment: Evidence from three generations", *Small Business Economics*, 2010, 34 (3): 261 - 276.

[36] Arin K. P., Huang V. Z., Minniti M., Nandialath A. M. and Reich O. F. M., "Revisiting the determinants of entrepreneurship: A bayesian approach", *Journal of Management*, 2015, 41 (2): 607 - 631.

[37] Armington C. and Acs Z. J., "The determinants of regional variation in new firm formation", *Regional Studies*, 2002, 36: 33 - 45.

[38] Asoni A. and Sanandaji T., "Taxation and the quality of entrepreneurship", *Journal of Economics*, 2014, 113 (2): 101 - 123.

[39] Astebro T. and Chen J., "The entrepreneurial earnings puzzle: Mismeas - urement or real? ", *Journal of Business Venturing*, 2014, 29 (1): 88 - 105.

[40] Audretsch D. B. and Fritsch M., "The geography of firm births in Germany", *Regional Studies*, 1994, 28 (4): 359 - 365.

[41] Audretsch D. B. et al., "Entrepreneurship and economic development in cities", *Annals of Regional Science*, 2015, 55 (1): 33 - 60.

[42] Benz M. and Frey B. S., "The value of doing what you like: Evidence from the self – Employed in 23 countries", *Journal of Economic Behavior and Organization*, 2008, 68 (3 –4): 445 –455.

[43] Berglann H., Moen E. R., Røed K. and Skogstrøm J. F., "Entrepreneurship: Origins and returns", *Labour Economics*, 2011, 18 (2): 180 –193.

[44] Berkowitz D. and DeJong D. N., "Entrepreneurship and post – socialist growth", *Oxford Bulletin of Economics and Statistics*, 2005, 67 (1): 25 –46.

[45] Bernardo A. E. and Welch I., "On the evolution of overconfidence and entrepreneurs", *Journal of Economics & Management Strategy*, 2001, 10 (3): 301 –330.

[46] Bernhardt I., "Comparative advantage in self – employment and paid work", *Canadian Journal of Economics*, 1994, 27 (2): 273 –289.

[47] Bianchi M. and Bobba M., "Liquidity, risk and occupational choices", *The Review of Economic Studies*, 2013, 80 (2): 491 –511.

[48] Binder M. and Coad A., "Life satisfaction and self – employment: A matching approach", *Small Business Economics*, 2013, 40: 1009 – 1033.

[49] Blanchflower D. G. and Meyer B. D., "A longitudinal analysis of the young self – employed in Australia and the United States", Small Business Economics, 1994, 6 (1): 1 –19.

[50] Blanchflower D. G. and Oswald A. J., "What makes an entrepreneur?", *Journal of Labor Economics*, 1998, 6 (1): 26 –60.

[51] Blanchflower D. G., "Self – employment in OECD countries",

Labour Economics, 2000, 7 (5): 471 –505.

[52] Blattman C. , Fiala N. and Martinez S. , "Generating skilled self – employment in developing countries: Experimental evidence from Uganda", *Quarterly Journal of Economics*, 2014, 129 (2): 6977 –52.

[53] Block J. H. and Wagner M. , "Necessity and opportunity entrepreneurs in Germany: Characteristics and earnings differentials", *Schmalenbach Business Review*, 2010, 62 (2): 154 –174.

[54] Borjas G. J. and Bronars S. , "Consumer discrimination and self – employment", *Journal of Political Economy* , 1989, 97 (3): 581 – 605.

[55] Cacciottia G. , Haytonb J. C. , Mitchellc J. R. , and Giazitzoglud A. , "A Reconceptualization of Fear of Failure in Entrepreneurship", *Journal of Business Venturing*, 2016, 31: 302 –325.

[56] Caliendo M. , Fossen F. and Kritikos A. , "Personality characteristics and the decision to become and stay self – employed", *Small Business Economics*, 2014, 42 (4): 787 –814.

[57] Caputo R. and Dolinsky A. , "Women' s choice to pursue self – employment: The role of financial and human capital of household members", *Journal of Small Business Management*, 1998, 36 (3): 8 –17.

[58] Cantillon R. , Essay on the Nature of Commerce in General, Ed. H. Higgs, London: Macmillan & Co. , 1931.

[59] Chen M. , Zhouand Y. Ye J. , "Self – employment choices of rural migrants in China: Distance and social network ", Stockholm School of Economics Asia Working Paper, No. 31, 2014.

[60] Croson D. C. and Minniti M. , "Slipping The Surly Bonds: The

Value of Autonomy in Self – employment", *Journal of Economic Psychology*, 2012, 33 (2): 355 –365.

[61] Dawson C., Henley A. and Latreille P., "Individual motives for choosing self – employment in the UK: Does region matter? ", *Regional Studies*, 2014, 48 (5): 804 –822.

[62] Démurger S. and Xu H., "Return migrants: The rise of new entrepreneurs in rural China", *World Development*, 2011, 33 (10): 1847 –1861.

[63] Djankov S., Qian Y., Roland G. and Zhuravskaya E., "Who are China's entrepreneurs? ", *The American Economic Review*, 2006, 96 (2): 348 –352.

[64] Dohmen T., Falk A., Huffman D. and Sunde U., "The intergenerational transmission of risk and trust attitudes", *The Review of Economic Studies*, 2012, 79 (2): 645 –677.

[65] Engström P. and Holmlund B., "Tax evasion and self – employment in a high – tax country: Evidence from Sweden", *Applied Economics*, 2009, 41 (19): 2419 –2430.

[66] Evans D. S. and Leighton L. S., "Some empirical aspects of entrepreneurship", *The American Economic Review*, 1989, 79 (3): 519 –535.

[67] Evans D. S. and Jovanovic B., "An Estimated Model of Entrepreneurial Choice under Liquidity Constraints", *Journal of Political Economy*, 1989, 97 (4): 808 –827.

[68] Evans D. S. and Leighton L. S., "Small business formation by unemployed and employed workers", *Small Business Economics*, 1990, 2

(4): 319 - 330.

[69] Fairlie R. W. and Lofstrom M., "Immigration and entrepreneurship", CESifo Working Paper, No. 5298, 2015.

[70] Field E., Jayachandran S., Pande R. and Rigol N., "Friendship at work: Can peer effects catalyze female entrepreneurship?", NBER Working Paper No. 21093, 2015.

[71] Fölster S., "Do lower taxes stimulate self - employment?", *Small Business Economics*, 2002, 19 (2): 135 - 145.

[72] Freytag A. and Thurik R., "Entrepreneurship and its determinants in a cross - country setting", *Journal of Evolutionary Economics*, 2007, 17 (2): 117 - 131.

[73] Frijters P., Kong T. and Meng X., "Migrant entrepreneurs and credit constraints under labour market discrimination", IZA Discussion Paper No. 5967, 2011.

[74] Fritsch M., Kritikos A. and Sorgner A., "Do entrepreneurs really earn less?", DIW Discussion Papers 1425, 2014.

[75] Ghani E., Kerr W. R. and O' Connell S., "Spatial determinants of entrepreneurship in India", *Regional Studies*, 2014, 48 (6): 1071 - 1089.

[76] Ghani E., Kerrand W. R., O' Connell S., "Political reservations and women' s entrepreneurship in India", *Journal of Development Economics*, 2014 (108): 138 - 153.

[77] Gindling T. H. and Newhouse D., "Self - employment in the developing world", *World Development*, 2014 (56): 313 - 331.

[78] Giné X. and Mansuri G., "Money or ideas? A field experiment

on constraints to entrepreneurship in rural Pakistan", World Bank Policy Research Working Paper No. 6959, 2014.

[79] Glaeser E. L., Kerr S. P. and Kerr W. R., "Entrepreneurship and urban growth: An empirical assessment with historical mines", *The Review of Economics and Statistics*, 2015, 97 (2): 498 – 520.

[80] Greene W. H., "Econometric analysis", 6th ed. Upper Saddle River, NJ: Prentice – Hall, 2008.

[81] Guiso L., Pistaferri L. and Schivardi F., "Learning entrepreneurship from other entrepreneurs? ", NBER Working Paper No. 21775, 2015.

[82] Hamilton B. H., "Does entrepreneurship pay? An empirical analysis of the returns to self – employment ", *Journal of Political Economy*, 2000, 108 (3): 604 – 631.

[83] Harding J. and Rosenthal S. S., "Homeowner – entrepreneurs, housing capital gains and self – employment", Working Paper, Syracuse University, 2013.

[84] Hartog J., Praag M. V. and Van der Sluis J., "If you are so smart why are you not an entrepreneur? Returns to cognitive and social ability: Entrepreneurs versus employees", *Journal of Management Strategy*, 2010, 19 (4): 947 – 989.

[85] Heckman J. J., Stixrud N. and Urzua S., "The effects of cognitive and non – cognitive abilities on labor market outcomes and social behavior", *Journal of Labor Economics*, 2006, 24 (3): 411 – 482.

[86] Hu F., "Risk Attitudes and self – employment in China", China & World Economy, 2014, 22 (3): 101 – 120.

[87] Huggins R. and Thompson P. , "Entrepreneurship, innovation and regional growth: A network theory", *Small Business Economics*, 2015, 45 (1): 103 - 128.

[88] Hurst E. and Lusardi A. , "Liquidity constraints, household wealth, and entrepreneurship ", *Journal of Political Economy*, 2004, 112 (2): 319 - 347.

[89] Hurst E. , Li G. and Pugsley B. , "Are household surveys like tax forms: Evidence from income underreporting of the self - employed", *Review of Economics and Statistics*, 2014, 96 (1): 19 - 33.

[90] Hvide H. K. and Panos G. A. , "Risk tolerance and entrepreneurship", *Journal of Financial Economics*, 2014, 111 (1): 200 - 223.

[91] Hyytinen A. , Ilmakunnas P. and Toivanen O. , "The return - to - entrepre - neurship puzzle", *Labour Economics*, 2013, 20: 57 - 67.

[92] Jacobs G. , "An occupational choice model for developing countries", *Journal of Economic Development*, 2008, 33 (2): 125 - 153.

[93] Jensen T. L. , Leth - Petersen S. and Nanda R. , "Housing collateral, credit constraints and entrepreneurship - Evidence from a mortgage reform", NBER Working Paper No. 20583, 2015.

[94] Katz J. A. , Hanke R. , Maidment F. , Weaver K. M. and Alpi S. , "Proposal for two model undergraduate curricula in entrepreneurship", *International Entrepreneurship and Management Journal*, 2016, 12 (2): 487 - 506.

[95] Kerr S. , Kerr W. R. and Nanda R. , "House money and entrepreneurship", NBER Working Paper No. 21458, 2015.

[96] Kihlstrom R. E. and Laffont J. J. , "A general equilibrium en-

trepreneurial theory of firm formation based on risk aversion", *Journal of Political Economy*, 1979, 87 (4): 719 – 748.

[97] Koellinger P., Minniti M. and Schade C., "I think I can, I think I can: Overconfidence and entrepreneurial behavior", *Journal of Economic Psychology*, 2007, 28 (4): 502 – 527.

[98] Koellinger P., Minniti M. and Schade C., Gender differences in entre – preneurial propensity", *Oxford Bulletin of Economics and Statistics*, 2013, 75 (2): 213 – 234.

[99] Kwon S. W. and Arenius P., "Nations of entrepreneurs: A social capital perspective", *Journal of Business Venturing*, 2010, 25 (3): 315 – 330.

[100] Lazear E. P., "Entrepreneurship", *Journal of Labor Economics*, 2005, 23 (4): 649 – 680.

[101] Lee S. M and Peterson S. J., "Culture, entrepreneurial orientation, and global competitiveness", *Journal of World Business*, 2000, 35 (4): 401 – 416.

[102] Levine R. and Rubinstein Y., "Smart and illicit: Who becomes an entrepreneur and do they earn more?", *The Quarterly Journal of Economics*, 2017, 132 (2): 963 – 1018.

[103] Li L. and Wu X., "Housing prices and entrepreneurship in China", *Journal of Comparative Economics*, 2014, 42 (2): 436 – 449.

[104] Liang J., Wang H. and Lazear E. P., "Demographics and entrepreneurship", NBER Working Paper 20506, 2014.

[105] Lindquist M. J., Sol J. and Praag M. V., "Why do entrepreneurial parents have entrepreneurial children?", *Journal of Labor Econom-*

ics, 2015, 33 (2): 269 -296.

[106] Lucas R., "On the Size Distribution of Business Firms", *The Bell Journal of Economics*, 1978, 9 (2): 508 -523.

[107] Maddala G. S., "Limited - dependent and qualitative variables in econometrics", Cambridge: Cambridge University Press, 1983.

[108] Mel S., McKenzie D. and Woodruff C., "Business training and female enterprise start - up, growth, and dynamics: Experimental evidence from Sri Lanka", *Journal of Development Economics*, 2014 (106): 199 -210.

[109] Michaelides M. and Benus J., "Are self - employment training programs effective? Evidence from Project GATE", *Labour Economics*, 2012, 19 (5): 695 -705.

[110] Millán J. M., Hessels J., Thurik R. and Aguado R., "Determinants of job satisfaction: A European comparison of self - employed and paid employees", *Small Business Economics*, 2013, 40 (3): 651 -670.

[111] Mueller S. L. and Thomas A. S., "Culture and entrepreneurial potential: A nine country study of locus of control and innovativeness", *Journal of Business Venturing*, 2001, 16 (1): 51 -75.

[112] Nguimkeu P., "A structural econometric analysis of the informal sector heterogeneity", *Journal of Development Economics*, 2014, 107: 175 -191.

[113] Parker, S., "Entrepreneurship among married couples in the United States: A simultaneous probit approach", *Labour Economics*, 2008, 15 (3): 459 -481.

[114] Pissarides C. A. and Weber G., "An expenditure - based esti-

mation of Britain's black economy", *Journal of Public Economics*, 1989, 39 (1): 17 -32.

[115] Poon J. P. H., Diep T. T. and Naybor D., "Social capital and female entrepreneurship in rural regions: Evidence from Vietnams", *Applied Geography*, 2012, 35 (1 -2): 308 -315.

[116] Poschke M., "Who becomes an entrepreneur? Labor market prospects and occupational choice", *Journal of Economic Dynamics and Control*, 2013, 37 (3): 693 -710.

[117] Premand P., Brodmann S., Almeida R., Grun R. and Barouni M., "Entrepreneurship education and entry into self - employment among university graduates", *World Development*, 2016 (77): 311 -327.

[118] Robson M. and Wren C., "Marginal and average tax rates and the incentive for self - employment", *Southern Economic Journal*, 1999, 65 (4): 757 -773.

[119] Rosenbaum P. R. and Rubin D. B., "The central role of the propensity score in observational studies for casual effects", *Biometrika*, 1983, 70 (1): 41 -55.

[120] Rosenthal S. S. and Ross A., "Violent crime, entrepreneurship, and cities", *Journal of Urban Economics*, 2010, 67 (1): 135 - 149.

[121] Salas - Fumás V., Sanchez - Asin J. J. and Storey D., "Occupational choice, number of entrepreneurs and output: Theory and empirical evidence with Spanish data", SERIEs, 2014 (5): 1 -24.

[122] Schmalz M. C., Sraer D. A. and Thesmar D., "Housing collateral and entrepreneurship", NBER Working Paper No. 19680, 2013.

[123] Shane S. and Venkataraman S., "The promise of entrepreneurship as a field of research", *Academy of Management Review*, 2000, 25 (1): 217-226.

[124] Skriabikova O. J., Dohmen T. and Kriechel B., "New evidence on the relationship between risk attitudes and self-employment", *Labour Economics*, 2014 (30): 176-184.

[125] Torrini R., "Cross-country differences in self-employment rates: The role of institutions", *Labour Economics*, 2005, 12 (5): 661-683.

[126] Valdivia M., "Business training plus for female entrepreneurship? Short and medium-term experimental evidence from Peru", *Journal of Development Economics*, 2015 (113): 33-51.

[127] Van der Sluis J., van Praag M. and Vijverberg W., "Education and entrepreneurship selection and performance: A review of the empirical literature", *Journal of Economic Surveys*, 2008 (22): 795-841.

[128] Wang S., "Credit constraints, job mobility, and entrepreneurship: Evidence from a property reform in China", *The Review of Economics and Statistics*, 2012, 94 (2): 532-551.

[129] Yueh L., "China's entrepreneurs", *World Development*, 2009, 37 (4): 778-786.

后 记

本书是在我博士论文的基础上修改完成的。在此，我要感谢我的博士生导师——暨南大学经济学院的王春超教授，在毕业论文的选题、写作、修改、完善各个环节，他都提供了很多指导和帮助；同时，还要感谢他在我四年博士生学习阶段及进入江西财经大学工作阶段时，对我在学术研究方面的细致、无私的指导和帮助。

我要感谢工作单位江西财经大学产业经济研究院的帮助，感谢学院对我的关心和信任，唯有继续努力才不辜负他们。

最后，本书能够顺利出版还离不开经济管理出版社工作人员的悉心指导和帮助，他们为本书的审稿、修改和排版花费了大量的时间和精力，特在此表示感谢。

冯大威

2019 年 8 月